高校课程思政实施与育人机制构建研究

王一茗 著

中国书籍出版社
China Book Press

图书在版编目（CIP）数据

高校课程思政实施与育人机制构建研究 / 王一茗著. -- 北京：中国书籍出版社，2023.10

ISBN 978-7-5068-9551-4

Ⅰ.①高… Ⅱ.①王… Ⅲ.①高等学校－思想政治教育－教学研究－中国 Ⅳ.① G641

中国国家版本馆 CIP 数据核字（2023）第 171908 号

高校课程思政实施与育人机制构建研究
王一茗　著

责任编辑	成晓春
装帧设计	李文文
责任印制	孙马飞　马　芝
出版发行	中国书籍出版社
地　　址	北京市丰台区三路居路 97 号（邮编：100073）
电　　话	（010）52257143（总编室）　（010）52257140（发行部）
电子邮箱	eo@chinabp.com.cn
经　　销	全国新华书店
印　　刷	天津和萱印刷有限公司
开　　本	710 毫米 ×1000 毫米　1/16
字　　数	210 千字
印　　张	11.75
版　　次	2023 年 11 月第 1 版
印　　次	2023 年 11 月第 1 次印刷
书　　号	ISBN 978-7-5068-9551-4
定　　价	72.00 元

版权所有　翻印必究

作者简介

王一茗 女，吉林大学法学院硕士研究生，吉林大学马克思主义学院在读博士，研究方向为思想政治教育。硕士研究生期间主持的司法大数据项目"我国传统司法'服判'智慧的镜鉴研究"获校级一等奖。获"优秀研究生"称号。

前　言

高校课程思政实施是落实新时代习近平总书记关于高校思想政治教育重要论述的具体实践，是落实高校立德树人根本任务的时代要求。课程思政育人机制的构建是高校课程思政建设的关键，对于形成高校"三全育人"和"大思政"格局具有重要的现实意义。

全书共七章。第一章为绪论，主要阐述了高校课程思政的内涵界定、高校课程思政的发展历程、高校课程思政的主要特征、高校课程思政的育人价值、高校课程思政实施的必要性等内容；第二章为课程思政相关理论溯源，主要阐述了系统协同教育论、学生主体教育论、实践教学教育论等内容；第三章为高校课程思政的实施成效，主要阐述了高校课程思政实施取得的成效和高校课程思政实施的基本经验等内容；第四章为高校课程思政的实施困境，主要阐述了高校课程思政实施的时代特征和高校课程思政实施存在的问题等内容；第五章为高校课程思政的实施原则与规律，主要阐述了高校课程思政实施应遵循的原则和高校课程思政实施应遵循的规律等内容；第六章为高校课程思政育人机制的构建，主要阐述了高校课程思政育人机制的内容构成、典型地区高校课程思政育人机制构建经验、高校课程思政育人机制构建的策略探讨等内容；第七章为高校课程思政实施的机制和路径，主要阐述了高校课程思政实施的体制机制和高校课程思政实施的行动路径等内容。

笔者在撰写本书的过程中，借鉴了国内外很多相关的研究成果以及著作、期刊、论文等，在此对相关学者、专家表示诚挚的感谢。

由于笔者水平有限，书中部分内容还有待进一步深入研究和论证，在此恳切地希望各位同行专家和读者朋友予以斧正。

王一茗
2023 年 7 月

目 录

第一章 绪 论 ·· 1
- 第一节 高校课程思政的内涵界定 ·· 1
- 第二节 高校课程思政的发展历程 ·· 20
- 第三节 高校课程思政的主要特征 ·· 24
- 第四节 高校课程思政的育人价值 ·· 30
- 第五节 高校课程思政实施的必要性 ····································· 34

第二章 课程思政相关理论溯源 ·· 50
- 第一节 系统协同教育论 ··· 50
- 第二节 学生主体教育论 ··· 58
- 第三节 实践教学教育论 ··· 65

第三章 高校课程思政的实施成效 ··· 68
- 第一节 高校课程思政实施取得的成效 ································· 68
- 第二节 高校课程思政实施的基本经验 ································· 74

第四章 高校课程思政的实施困境 ··· 78
- 第一节 高校课程思政实施的时代特征 ································· 78
- 第二节 高校课程思政实施存在的问题 ································· 87

第五章 高校课程思政的实施原则与规律 ······························ 104
- 第一节 高校课程思政实施应遵循的原则 ···························· 104
- 第二节 高校课程思政实施应遵循的规律 ···························· 112

第六章 高校课程思政育人机制的构建 …………………… 117
  第一节 高校课程思政育人机制的内容构成 ………………… 117
  第二节 典型地区高校课程思政育人机制构建经验 ………… 121
  第三节 高校课程思政育人机制构建的策略探讨 …………… 127

第七章 高校课程思政实施的机制和路径 …………………… 147
  第一节 高校课程思政实施的体制机制 ……………………… 147
  第二节 高校课程思政实施的行动路径 ……………………… 151

参 考 文 献 ………………………………………………………… 179

第一章 绪 论

课程思政是指在各门专业课教学中进行思想政治教育，使所有课程都承担好育人责任，守好一段渠、种好责任田，使各类课程与思政课程同向同行。因此，加强课程思政建设对培养高质量人才、建构全课程合力育人的教育新格局和实现教育强国梦意义重大。本章分为高校课程思政的内涵界定、高校课程思政的发展历程、高校课程思政的主要特征、高校课程思政的育人价值、高校课程思政实施的必要性五部分。

第一节 高校课程思政的内涵界定

一、课程思政的生成逻辑

课程思政有其内在、明确的历史逻辑、政策逻辑、时代逻辑。

首先，课程思政同我国历史文化相契合。课程思政是在知识的传授过程中实现对价值观的塑造的，它作为一种思想政治教育理念，植根于中华几千年辉煌的历史文化之中，是在历史的演进中始终传承的文化基因和精神内核。我国古代的教育目的观是培养良好的德行，养成理想的人格。春秋时期著名的教育家孔子将"文、行、忠、信"作为教育的重要内容，其中"行、忠、信"都是关于德行方面的内容。孔子强调"行有余力，则以学文"，并且能够"志于道，据于德，依于仁，游于艺"。孟子继承和发展了孔子的教育理念，更加注重人伦道德的提高。在近现代教育中，毛泽东在延安革命根据地时为延安抗大题词："坚定不移的政治方向，艰苦奋斗的工作作风，加上机动灵活的战略战术，便一定能够驱逐日本帝国主义，建立自由解放的新中国。"这是毛泽东首次对抗大教育方针做出的清晰概括。这一教育方针的目的就是"驱逐日本帝国主义，建立自由解放的新中国"。毛泽东在1940年的《新民主主义论》中提出"民族的、科学的、人民大众的新文化和新教育"的新民主主义教育方针。新中国成立后，毛泽东在最高国务会议上提出，"我们的教育方针，应该使受教育者在德育、智育、体育几方面都得到发展、成为有社会主义觉悟的有文化的劳动者"。课程思政承载着我们的文化传承，这种传承与价值引领共存。课程思政的教育理念具有深厚的历史沉淀和文化传统。

其次，课程思政的教育理念是蕴藏在教育政策的演变之中的。新中国成立伊始，党和政府高度重视思想政治教育。1958年，中共中央、国务院在《关于教育工作的指示》中明确提出"教育必须为无产阶级政治服务，教育必须与生产劳动相结合"的教育方针。1987年，《中共中央关于改进和加强高等学校思想政治工作的决定》提出了"把思想政治教育与业务教学工作结合起来"的原则。2004年在《中共中央国务院关于进一步加强和改进大学生思想政治教育的意见》中指出要"坚持教书与育人相结合"。2017年，中共中央、国务院印发的《关于加强和改进新形势下高校思想政治工作的意见》中提出了"三全育人"理念，主张充分尊重专业课程的价值规律。在完善顶层设计方面，教育部印发的《高等学校课程思政建设指导纲要》旨在强调课程思政对学生价值塑造的重要性，使专业课程与思政课程同向同行。

最后，课程思政的时代性在于新时代党和国家对人才培养提出了更高的要求。高校要培养出德智体美劳全面发展的社会主义建设者和接班人，使他们能够担当起民族复兴的大任。落实立德树人根本任务，思政课程是关键，但如果专业课程只教书不育人，也难以落实立德树人的根本任务。因此，开展课程思政是全员、全过程、全方位育人的需要，是教育强国的需要，同时也是时代发展的需要。

二、课程思政的实现目标

实现高素质人才队伍的有序有效培养是我国高校所有课程的目标。"课程思政"不是简单的一门课程，而是要将立德树人完美融入专业课中，完成社会主义核心价值观认同教育，逐步引导学生认识到我们国家所坚持的政治理论的价值所在，能够让学生更好地感受中国特色社会主义制度的无限优势，了解我国国情，增加学生的责任意识，让学生了解到自己在推动民族复兴时所扮演的任务。在推进课程思政的实施上，教师在任何一个组成内容的构建上，都应当多层面、宽领域地突出育人的实际功能，这样才能建立起以"课程思政"为支撑的育人格局。

课程思政是课程的思想政治教育内涵的彰显和功能的发挥，其将德育教育寓于专业课学习之中的特点决定了其与传统思政课程在教学内容上存在"人生哲理"与"专业伦理"的差异，在教学目的上存在"内化偏向"与"外化偏向"的差异。

但是二者也并非完全割裂，其在"如何培养人，培养什么样的人"的问题上有很强的共通性，且都以实现人的全面发展为努力的方向，具有很大的联动空间。

在教学内容方面，课程思政立足于本课程内容，致力于本专业"专业伦理"的培养；在教学的目的方面，课程思政则着重于推动受教育者的精神力量外化为改造世界的物质力量，创造社会财富；在课程建设标准上，课程思政要整合课程建设标准和课程教学手段，突出思想政治教育元素，引导学生应用党的政治理论对经济社会发展当中的困难问题、矛盾挑战进行透彻研判，坚定政治理论层面的自信。

三、课程思政的概念界定

课程思政从表层字面上看是"课程"和"思政"两个概念的有机整合，只有明确"课程""思政""思政课程"的定义，才能将课程思政的内涵解析区分开来，避免因形似造成概念上的混淆。

（一）课程

对于"课程"一词，国外教育学者提出过许多不同的说法，例如，捷克民主主义教育家夸美纽斯将教材等同于课程，美国著名教育家、课程理论家泰勒认为课程即经验，美国著名哲学家、教育家、心理学家杜威提出课程即活动等。

中国古代开始就有对"课程"的描述。宋代理学家朱熹在《朱子全书·论学》中对"课程"有所提及并加以描述，"宽着期限，紧着课程"又或"小立课程，大作功夫"等，其中所谈"课程"一般是指功课或是进程。

这里，我们可以对"课程"从狭义和广义两方面进行解读。狭义层面的"课程"可以概括为课堂教学内容，即书本教材；广义层面的"课程"是指学校以实现培养目标为目的而规划进行的教育内容和过程的总和，总体规划中包含各类学科以及相关联的教育实践活动。

（二）思政

"思政"即对思想政治教育的简写，是指"社会或社会群体用一定的思想观念、政治观点、道德规范对其成员施加有目的、有计划、有组织的影响，使他们形成符合一定社会所要求的思想品德的社会实践活动"。思想政治教育主要包括思想教育、政治教育、道德教育、心理教育等。思想政治教育学是研究人的思想品德形成、发展规律和对人们进行思想政治教育规律的科学。思想政治教育是我国精神文明建设的首要内容，也是解决社会矛盾和问题的主要途径之一。从马克思主义立场发展而来的思想政治教育具有坚定的理论支撑,值得我们研究学习和宣传倡导。

(三)思政课程

"思政课程"即思想政治理论课,是为有针对性地进行思想政治教育而设立的专门课程。在我国高校设置思想政治理论课,对学生进行系统的思想政治理论教育,对于培养学生形成正确的世界观、人生观、价值观和良好的思想道德品质具有重要的意义。

思想政治理论课是传播马克思主义基本理论的有效载体。中国共产党是用马克思主义理论武装起来的政党,马克思主义理论是我们立党立国的根本指导思想。马克思主义理论在我国革命和现代化建设中发挥了重要作用,是全党全国人民团结奋斗的共同思想基础。学校思想政治理论课发挥着系统宣传、阐释、传播马克思主义理论的作用,是对广大学生进行思想政治教育的主渠道。充分发挥思想政治理论课的作用,让学生在马克思主义理论的指引下,接受系统的思想教育,对于培养担当民族复兴大任的时代新人、落实立德树人的根本任务、保证党和国家事业长远发展具有重要的意义。

思想政治理论课是培养社会主义事业接班人的重要保障。广大学生是宝贵的人才资源,是社会主义事业的未来和希望。通过学习思想政治理论课,初步理解和掌握马克思主义的基本原理和新时代中国特色社会主义思想,将为他们成长为合格的社会主义事业接班人奠定坚实的思想理论基础。当前,由于国际形势的复杂变化,特别是西方不良思潮和价值多元化的冲击,使得一些学生在思想上产生了一定程度的信仰危机、价值观偏移。在这种情况下,加强思想政治理论课的教育,显得尤为重要。思想政治理论课是一门系统论述马克思主义理论的课程,通过学习掌握马克思主义理论的世界观和方法论,使学生学会用辩证唯物主义、历史唯物主义的思维方法来思考问题、分析问题、解决问题,将为他们今后的成长产生潜移默化的积极引导作用。

(四)课程思政

课程思政,意指"课程承载思政""思政寓于课程",核心在于挖掘课程(非思政课)的思想政治教育元素或资源,发挥课程中蕴含的思想政治教育功能,最终实现知识教育与价值教育的统一、教书与育人的统一,提高人才培养质量。这既是对传统思想政治教育的创新和提升,也是对思政课主渠道的补充和支撑。

尽管课程思政、课程育人已然成为高校教育教学改革的热词,但是当前高校的课程思政建设存在着认识方面的偏差，以及实施过程中的瓶颈，因而有必要从以下几个方面厘清课程思政的基本内涵和价值意蕴。

1. 课程思政的基本载体是专业课程

课程是学科知识的整合，是学科和专业发展的支撑。高校的课程体系是纵横交错的结构体系，与思政课相并列的还有理科、工科、人文学科等构成的专业课程群、公共外语类课程、体育类课程、通识课程等。课程思政是依托、借助于课程（非思政课）而进行的思想政治教育实践活动，其中，专业课程具有开设比重大、授课时限长的特点。80%的高校教师是专业教师，80%的课程是专业课程，学生80%的学习时间是在进行专业学习，这是课程思政建设重大命题提出的现实依据。所以，要紧紧抓住专业课教师"主力军"、专业课教学"主战场"、专业课课堂"主渠道"，深入推动专业教育与思政教育紧密融合，消除专业教育与思政教育"两张皮"的现象。

2. 课程思政的理念是课程育人

课程是教育思想、教育目标和教育内容的主要载体，也是教师教学活动的基本依据。各类课程都有显著的价值关涉性，承载着精神塑造和价值观教育职能。科学教育学的奠基人赫尔巴特曾说："我想不到有任何无教学的教育，正如在相反方面，我不承认有任何无教育的教学。教学如果没有进行道德教育，只是一种没有目的的手段。德育问题是不能同整个教育分离开来的，而是同其他教育问题必然地、广泛深远地联系在一起的。"

受科技工具主义思潮的影响，高等教育工具理性倾向不断凸显，表现为学科和专业分化越来越细，虽然这是科学发展的需要，但是也造成了育人目标整体性被忽视。课程思政旨在发挥课程（非思政课）立德树人、育人化人的功能和职责，把价值观引导融合于知识传授和能力培养之中，实现价值塑造、知识传授和能力培养的有机统一。因此，课程思政是课程发展的内在要求和价值维度，是课程育人本质的回归。

3. 课程思政的特点是隐性教育

隐性教育与显性教育之间存在以下区别：显性教育是正面直接地对受教育者进行教育；隐性教育即通过隐蔽的方式，对环境和情境等因素加以应用，把教育意图渗透给受教育者，具有渗透性、潜隐性。显性教育突显教育自身及其效果的存在感；隐性教育则消除和掩蔽教育自身的存在，受教育者缺乏对其所受教育的明确感知，甚至对"所受到的教育的不知不觉，处于无意识或潜意识状态，是无意中的学习"。思政课是思想政治教育的显性课程，课程思政则是以隐性教育的方法，将思想政治教育的原则、要求和内容与课程设计、教材开发、课程实施、课程评价等有机结合起来的一种思想政治教育形式。二者表现形式相异，不可相互替代，教育之道在于发挥各自的思想政治教育功能和育人优势，同向同行，形成育人合力。

四、课程思政的理论基础

（一）马克思、恩格斯关于教育的论述

马克思、恩格斯作为人类历史上伟大的思想家，他们对教育提出了很多科学的论述，这些论述对全世界教育的发展具有重要的指导意义。他们创立了人的全面发展的学说，认为社会发展的目的就是促进人自由全面的发展，而其中的"自由全面"是指人的能力的自由全面发展。他们认为教育是培养全面发展的人的手段，大工业的发展使工人变成了机器的一部分，这使工人的体力和智力都受到了严重的影响。马克思和恩格斯从社会发展的总体规律出发，创造性地提出了人的全面发展的论断，并科学地阐释了人的全面发展与社会发展的关系，特别是精神文明的关系。劳动是人类社会存在的基础，人的全面发展首先体现在劳动能力的提升方面，人的劳动能力的提升又进一步地体现为智力水平和体力水平的发展，这些是依靠教育来实现的。教育摆脱了旧分工给人类带来的片面性，对人的发展具有全面、系统的影响，国家应该大力发展教育，倡导教育与生产劳动相结合，推动人的能力的提升，也同时促进人自由全面的发展。马克思、恩格斯对教育的论述对于我们当今时代的发展仍然具有非常重要的价值，也是我们课程思政建设的理论基础和实践指南。

（二）中国共产党思想政治教育理论

在我国实现民族复兴不断奋进的历史进程中，中国共产党一贯高度重视高等教育工作和高等教育事业，在不同阶段根据我国教育的实际情况对我国高等教育理论不断地进行完善和扩充，从而形成科学的教育理论和教育方法。中国共产党的高等教育思想，即在不同时期的教育认识和经验，对今天教育工作的开展仍有现实意义。

重视高校思想政治教育工作是我们党和国家的一个具有战略意义的优良传统。毛泽东提出："我们的教育方针，应该使受教育者在德育、智育、体育几方面都得到发展，成为有社会主义觉悟有文化的劳动者。"

为了培养社会主义事业的建设者和接班人，邓小平重申"学校应该永远把坚定正确的政治方向放在第一位"。他在1980年的讲话中说："清华大学提出了一个很重要的问题，就是学生从到学校的第一天起，就要对他们进行政治思想工作。"并指出，"又红又专，那个红是绝对不能丢的"。

1989年，江泽民明确提出："要把德育放在首位，确立正确的政治方向。"在我国深化改革、扩大开放的形势下，他多次强调，越是改革开放，越要加强思想政治工作。

党的十五大报告指出青少年是祖国的未来、民族的希望，要十分重视青少年思想道德建设；认真贯彻党的教育方针，重视受教育者素质的提高，培养德智体等全面发展的社会主义事业的建设者和接班人。党的十六大报告再次强调加强青少年思想道德建设的重要性。

2004年10月，中共中央、国务院发出了《关于进一步加强和改进大学生思想政治教育的意见》（以下简称《意见》）。《意见》强调指出，大学生是十分宝贵的人才资源，是民族的希望，是祖国的未来。加强和改进大学生思想政治教育，提高他们的思想政治素质，把他们培养成中国特色社会主义事业的建设者和接班人，对于全面实施科教兴国和人才强国战略，确保我国在激烈的国际竞争中始终立于不败之地，确保实现全面建设小康社会、加快推进社会主义现代化的宏伟目标，确保中国特色社会主义事业兴旺发达、后继有人，具有重大而深远的战略意义。《意见》的出台，是继《关于进一步加强和改进未成年人思想道德建设的若干意见》发布后，党中央做出的又一重大部署，是我们党高瞻远瞩，审时度势，顺应时代要求，为提高大学生思想政治素质，促进大学生全面发展而采取的重大举措。以党中央、国务院名义下发加强和改进大学生思想政治教育的文件，这在我们党和国家历史上还是第一次。举全党之力抓大学生思想政治教育，深刻体现了党和国家对广大青年大学生的高度重视和殷切希望。

习近平总书记强调，"青年是祖国的未来、民族的希望，也是我们党的未来和希望"，并围绕培养什么人、怎样培养人、为谁培养人这一根本问题，对巩固马克思主义指导地位、深化高校思想政治理论课改革、加强思政课教师队伍建设等一系列重要问题进行了全面深刻的阐述，为进一步加强高校思政教育工作提供了理论和实践指南。

（三）隐性思想政治教育理论

"隐性教育"这个概念发端于1968年美国教育社会学家杰克逊。他认为隐性教育是指基于某种宏观主导的间接、无计划、隐藏目的的社会活动，在潜移默化中使得被教育者接受教育的系统化过程。隐性教育涵盖了隐性课程和隐性知识两个方面的内容。隐性教育理论以隐性知识理论为基础和前提，这一理论最早由英国科学家迈克尔·波兰尼提出。他认为，这是一种不能用系统的知识（文字、数字、图表和公式等）表达的知识形式，它较难言传却能够让人轻易了解，对我们的生活产生了重要的影响。

课程思政的隐性教育就是要深挖专业课程中的隐性知识，并将其显性化。将和课程内容有一定关系的思政元素渗透到专业课程中来，发挥隐性教育的效果。其中能够承载隐性知识，并作用于实际教学过程的载体就是隐性课程。在潜移默化中不断强化大学生的主体意识，这不仅可以有效地为显性教育的种种不足提供必要的补充，同时也在客观上为育人目标的顺利达成提供了更为积极的支持。

价值和真理的统一是当前阶段市场经济新常态下全面深化课程思政的隐性教育的关键所在，要从时代发展的一般性要求出发，将那些有利于大学生成长的教学内容、教育理念、教学方法融入进来，并采取更具针对性的方式、方法来调动学生们参与学习的积极性。同时，还要在高校校园中进一步加强文化环境建设，让大学生在校园环境中潜移默化地接受思想引导，更好地成长为对社会有用的人才，减少抵触心理。以隐性教育来促进思想政治教育的开展，促使显性教育和隐性教育的高质量、全方位融合。只有以此为基础，才能为高校大学生的身心健康发展保驾护航。

（四）中国优秀传统教育思想

国无德不兴，人无德不立。只有把立德树人放在教育的中心环节，解决好培养什么人、怎样培养人、为谁培养人这个根本问题，才能培养德才兼备的有用之人。在我国传统教育中，也一直重视人的道德品质的培养，突出重视"才"与"德"的关系。

北宋司马光在《资治通鉴》中提出"才者，德之资也；德者，才之帅也"；在看待二者之间的关系时指出，"才德全尽谓之圣人，才德兼亡谓之愚人，德胜才谓之君子，才胜德谓之小人"。由此，可以看出德才兼备对于人才培育的重要性。培养出有才无德的人，更是会危害社会安全。这一观点与我国当今立德树人的教育思想相一致，都是要实现育人与育才相结合，实现知识传授与价值引领相统一。

唐代韩愈也在《师说》中也谈到"师者，所以传道授业解惑也"，指出教师既要传播为人处世的真理，又要教授学生通过学习、思考得到的智慧，解决学生的困惑。他把"传道"放在首位，突出了教师首先要做到的便是教会学生做人以及掌握真理的学问。这些传统道德教育思想都突出体现了对于思想道德教育的重视，然而长期以来，专业课程教学都围绕知识传授开展，容易走进工具性理性压倒价值理性的困境，使思想政治理论课处于孤岛化现象。为了解决德才不匹配的问题，高校不仅要向学生教授书本上的理论知识，而且还要提高实践的操作技能，更要树立正确的价值观，以中华优秀传统文化为根基开展课程思政的建设。

（五）课程文化发展理论

课程文化发展理论为课程思政的实施提供了本体性证明。课程思政实施的目的在于提升高校思想政治教育水平，其前提与基础是将思想政治教育落实到每门课程本体上。加强课程思政实施是新时代课程文化在我国高校实现科学发展的内在要求。课程是"教学内容的系统组织"。课程文化扎根于课程内容，是课程在实践过程中的文化集合，包括课程发展过程中的各种相关制度、规范和精神等多重因素。对于课程发展来说，物质投入是前提，而文化、理念、精神等因素的融入则构成了课程高质量发展的内在灵魂。换言之，课程的建设离不开课程文化的丰富与发展。东西方国家在课程文化建设方面存在差异性。西方强调个体价值，因此在其课程文化发展过程中个体价值处于核心地位。我国崇尚集体价值，在课程文化发展中更注重集体价值观的培育，学校应将课程文化发展的着力点放在集体价值的传递上。课程文化建设在课程发展中的重要性决定在高校课程建设过程中必须把社会主义核心价值观摆在突出位置，把优秀的传统文化理念、革命文化精神、社会主义先进文化的精髓融入课程之中，这符合课程文化发展的内在要求，同时也是教师的职责与使命。课程思政理念的提出与实践为课程文化发展提供了基本路径，有效地推进了中国特色社会主义文化体系建设。总体来说，课程思政实施与我国高校课程文化建设殊途同归。

（六）心理学相关理论

课程教学活动的顺利展开建立在教师在教学环节中对学生动态及认知水平掌握到位的基础上，进而选择合适的教学手段，因此不可避免会涉及心理学的相关内容。积极心理学在理论基础上能够促进课程思政的实施进程。积极心理学于20世纪末起源于美国，主要代表人物是马丁·塞利格曼及谢尔顿。其理论观点是着重于对人的潜能与积极品质的挖掘，运用在教育领域则主张营造积极向上的教育环境，调动每位学生的参与感，使学生在参与过程中不断增强个人感悟，在实践中自觉地养成积极乐观的心态，提升个人素质，向更理想的自己靠近，实现全面发展。积极心理学关注学生的全面发展，这与课程思政教育目的是相契合的。课程思政实施坚持人本主义思想，以学生为本，通过课堂教学与实践教学多渠道实现对学生的思想政治教育。教师在对课程中的育人因素进行挖掘与对社会信息进行取材时，侧重于正能量的内容，在这一过程中还要注意是否能对学生产生积极影响，必要时加以引导，这样学生才更容易产生认同感。

（七）建构主义学习理论

西方的建构主义学习理论对课程思政也能起到一定的理论支撑作用，主要代表人物有让-皮亚杰、维果斯基等。在建构主义学习理论提出之前，传统的灌输式教育理念作为我国课堂教学的主要方式，已经"统治"多年，其主要的模式就是"教师讲，学生听"。与传统的灌输式教育不同，在建构主义学习理论看来，知识如果只是简单地传授给学生，学生通过死记硬背，仿佛已经掌握了相关知识，但其实并没有融会贯通。因此，建构主义学习理论的观点为"学生是知识意义的主动建构者"，强调学生是学习的主体，要积极参与知识建构的过程。学生应通过已有的基础和经验，将知识与周围事物相联系，赋予知识自己感知的因素，从而真正做到内化于心。在这种理念中，以学生为中心就显得格外重要。教师的作用与启发式教学相同，教师作为引导者，根据学生对知识的掌握程度，参与到学生知识建构的过程，并从旁给予一些提示，使学生的意义建构能顺利完成。当然，这也对教师提出了更高层次的要求，教师需要不断扩大自己的视野，观察身边发生的大小变化，以便在学生进行意义构建的过程中给予帮助。课程思政实践就是为了变革传统的教学方式，使学生在这个过程中主动做到内化于心、外化于行。建构主义学习理论与课程思政教育目的是一致的，也能够为课程思政实施提供理论指导，提高课程思政实施的有效性。

1. "有意义"的建构主义学习理论

建构主义是在认知主义的基础上得以进一步拓展的，建构主义学习理论更多强调的是一种"意义建构"的核心理念，重视培养学习者的主体意识。建构主义理论认为有效的学习不是孤立的个体学习，而是多主体协作学习，教师扮演着协助、促进学习者的角色，注重学习者之间的交流、讨论，训练学习者的探究和创新能力，强调一种有意的学习方式。在实际教学过程中，教师利用建构主义理论转变传统观念，改革教学方式和教学手段，准确创设以学生经验为主体的课程思政"情境"，以学生加强"协作"与"对话"来建立亲密合作关系，着眼于学生知识和能力的提升过程，以达到"意义建构"的目的。

2. 建构主义学习理论对突破课程思政实施困境的启示

建构主义学习理论的核心在于强调学习者的主体性，强调各方协同从"情境""协作""对话""意义建构"等要素来共同构建一种良好的学习环境与氛围，促进学习者自觉学习、积极主动学习，从而提高学习的效率及质量。基于此，面对高校课程思政实施的困境，其对策与建议、路径与方法等的提出，不可能有固定的方案或模式，需要我们结合地区实际，以学生为中心，以促进学生全面发展成为德技双馨的技术技能人才为目标，从情境、协作、对话、意义建构等要素把握学生的思想状态，加强与学生的思想交流与对话，师生密切协作，就关注、迷茫的问题和存在的困惑，形成一套相对成熟的对策方法范式，共同构建形成课程思政实施的良好学习环境与氛围。因此，建构主义学习理论的思想和方法，是提出高校课程思政实施的困境与突破的对策建议或路径方法的理论基础。

（八）其他相关理论

1. 认知迁移理论

认知迁移理论是由美国学者罗耶提出的。他根据学习和记忆的信息加工理论，提出认知迁移理论具有两个基本假设：第一，人类是以某种系统方式储存和提取信息的；第二，知识结构的"丰富性"并非始终一致。所谓丰富性，是指知识结构内各单元（如节点、命题等）之间交互联结的数量。此外，认知迁移理论还具有一个前提，即领会。领会是学习迁移的必要条件，但不是充分条件。虽然在没有领会的条件下也可以习得信息，比如机械记忆。然而，我们回忆或使用未被领会的信息的条件是极为有限的。

因此，如果要形成学习迁移，领会是必不可少的。根据这两个假设和一个前提，认知迁移理论认为，迁移的可能性取决于在记忆搜寻过程中遇到相关信息或技能的可能性。这样，教育的问题就成了如何增加学生在面临现实生活问题时提取在课堂中习得的相关材料的可能性的问题。由于提取的可能性与交互联结的数量有关，因此，任何增加交互联结网络的丰富性的教育方法，都将有助于增加迁移的可能性。迁移可分为正迁移和负迁移，正迁移会对学生的学习产生积极影响，负迁移会对学生的学习产生消极影响。

罗耶的认知迁移理论强调，学生只有领会所学知识才能更好地迁移。同样，对于教师来说，教师在课程思政实施的过程中，只有深刻领会课程思政的相关内容，并与专业知识之间建立关联，才能更好地将其迁移到实际教学过程中，达到潜移默化、润物细无声的育人效果。课程思政的实施关键在教师，学习迁移理论对教师在专业知识的掌握和德育意识、德育能力的提升方面提出了巨大挑战。教师要把课程思政教育理念内化于心，外化于行，就要努力扩充自己的知识面，加强党史学习，以习近平新时代中国特色社会主义思想武装自己，不断提升自己的综合教学能力水平。

为了更好地在教学过程中实现迁移，首先，教师在制定教学目标时要将社会主义核心价值观和中华优秀传统文化教育等内容融入教学中。知识之间是有联系的，教师在帮助学生建立抽象的知识结构和认知图式时，应给学生呈现最大范围的实例和这些专业课程知识的实际应用情境，以使学生了解课堂中习得的知识是如何具体应用到现实生活中的。而且，这些例子最好与真实的生活背景相联系，与时政热点相联系，融入核心价值观教育，才能更好地发生迁移，让学生在掌握专业知识的同时提高自己的认知能力。其次，教师要了解学生的知识储备、实际需求和心理特点，能够及时抓住学生广泛关注的社会热点问题，例如，道德、价值观等问题，将自身所学、所见、所感迁移到教学过程中，在知识的传授过程中实现价值引领。最后，罗耶的迁移理论告诉我们领会是发生迁移的重要前提，教师在课程思政实施中只有领会课程思政的内涵、课程思政的内容、课程思政实施的意义和价值，才能有意识地投入课程思政实施中，将育人元素有效地迁移到教学过程中，更好地落实"立德树人"的根本任务。

2. 有效教学理论

有效教学理论是本杰明·布鲁姆于20世纪40年代后提出的，属于现代教学理论的一种具体形式。从内涵上讲，有效教学就是高校教师在遵循教育规律的基础上，在课堂教学中维持学生参与学习的积极性从而达到的预期效果的教学过程。在高校推行有效教学是现代教育发展的基本要求，它能激发学生的全部内在潜能。布鲁姆认为，无论是考试改革还是教学改革，重要的是确定教学目标，因此他提出"教育目标分类学"，将教学目标分为认知目标、情感目标和动作技能目标。从20世纪60年代末开始，布鲁姆对改进教学过程与方法、发挥学生的学习主动性和学习能力、全面提高教学质量进行了深入研究，提出了一套完整的"掌握学习"教学策略理论。这种教学策略的核心思想认为，许多学生没有取得良好的成绩，其原因不在于智力方面，而在于教师未能提供给适合不同学生特点的教学帮助和学习时间。为了促进学生掌握学习，布鲁姆又提出了教学评价，分为"诊断性评价""形成性评价"和"终结性评价"，其目的在于最大限度地开拓和促进学生的发展潜力，使所有学生竭尽全力地进行学习，最终达到教学目的。

布鲁姆的"教育目标分类学""掌握学习"教学策略和教学评价理论是有效教学理论的主要内容，三种思想密切联系，促使其核心教育思想的实现。有效教学理论为课程思政的实施提供了理论指导和发展性证明。基于有效教学理论在专业课程目标设置时加入了"育人目标"凸显教学目的，这与有效教学理论相契合。从实现有效教学的过程来看，课程思政的有效实施不仅需要教师精心设计教学目标，而且还要精心组织教学内容，关注学生的特点、了解学生的需求，采用有效的教学策略，例如，线上线下相结合的方式教学、翻转课堂教学、实践育人法等，从而实现教学目标，这与有效教学理论"掌握学习"教学策略相契合。教学评价的作用在于检验是否达到教学目标，包含学生的思想、价值观、认知、情感等指标，从而评价学生的学习效果。为了更好地了解学生的思想、价值观、认知、情感等是否发生了变化，教学活动前，教师可以采用"诊断性评价"对学生的知识、技能以及情感等状况进行调研；在教学过程中，对学生进行"形成性评价"以了解学生的学习情况、思想变化，及时调整教学计划、改进教学方法；在教学活动结束后，对学生进行"终结性评价"判断教学效果。教学评价促使学习效果达到预定目标，实现了促进学生的全面发展，这与有效教学理论相契合。

因此，有效教学理论对高校教师在课程思政实施过程中的教学目标、教学策略、教学评价方面提供了理论指引。课程思政实施的关键在于将与专业知识相关的德育元素有机融入专业课程教学之中，以实现专业课知识学习与价值观引领的内在统一。因此，在设定教学目标时，要考虑融入哪些德育元素。为了达到更好的课程思政实施效果，教学策略和评价机制也发挥着重要作用。

3. 潜在课程理论

潜在课程是间接的、隐式的、不明确的方式，通过潜移默化影响学生，使学生在不知不觉中接受教育。它虽然以潜在的形式存在，但对学生的教育作用是长期的、渐进的。潜在课程理论的提出正是对课程思政内涵的解读。课程思政作为一种隐性进行思政教育的课程与潜在课程有着相同的内涵。课程思政就是指深入挖掘专业课、综合素养课、实践课中的思政元素，将其有机融入专业课的教学中，达到知识传授、能力培养与价值塑造三重目标，实现润物细无声的育人效果。

4. 启发式教学理论

中国传统教育理念"启发式教学"为课程思政提供了理论启示。早在春秋战国时期，孔子就提出"不愤不启，不悱不发。举一隅不以三隅反，则不复也"。

这句话非常准确地诠释了启发式教学的具体意义，大致含义是教师要从学生的知识水平与发展规律出发，去引导学生思考和解决问题，教学的本质在于启发与指导。毛泽东在1929年的《中国共产党红军第四军第九次代表大会决议案》中指出，讲课应采取"启发式"，废除"注入式"，并将其纳入十条教授法中。课程思政实施的实践中同样体现了启发式教学的内涵。在课程思政实践中，强调学生不仅是受教育者，同样也是教育的主体，教师的职责不只是单方面的教授学生知识，还要遵循学生的成长规律，根据学生不同的认知水平和思维模式，采用学生易于接受的方式，提高学生对课程的兴趣，使其参与到课程教学环节，增强学生的综合素质。

五、课程思政与思政课程的关系

自从被提出以来，课程思政理念就为我国高校思想政治教育工作的顺利推进提供了强有力的支持。然而，如何将思政课程和课程思政有机地联系起来，是当前贯彻课程思政理念过程中必须正视的问题之一。二者从本质上来说都是以实现思想政治教育功能为出发点和落脚点，所以我们应该将二者有机地结合起来，从本质上把握二者之间的内在联系，真正意义上形成协同效应。同时，二者又有不同侧重，需加以区分。事实上，也只有明确了课程思政和思政课程之间的内在联系和主要差异之后，才能为我国高校课程思政育人的发展提供坚实的理论基础。

（一）相互联系，相互影响

1. 高校课程思政与思政课程的育人目标一致

为中国特色社会主义事业的发展培育合格的建设者和接班人，为社会的发展、祖国的强盛，培养一代又一代拥护社会主义制度和中国共产党领导的高素质人才，是高校最为核心的育人目的。这不仅是我国现阶段教育事业发展的根本任务，同时也为我国高校协同育人工作的开展扫清了思想上的障碍，指明了发展的目标。高校课程思政与思政课程殊途同归，都是为了有效提升当代大学生的思想道德素养，为中国特色社会主义建设事业提供优质人才。为党和国家培养优质的社会主义建设者和接班人，是二者共同的课程目标。而且作为重要的思政教育渠道，思政课程的核心在于思想政治教育，以系统而全面的思政课程为学生的思想道德素养水平的提升提供强有力的支持。课程思政主要是通过在专业课程教育中渗透和融入思政元素的方式，在潜移默化中提高学生的思想素质，从其主要任务、基本目标角度来说，二者是同源的共同体。

2.高校课程思政与思政课程的指导思想一致

任何国家的教育都是以为国家和社会发展服务为基本前提的，否则教育事业的发展将变得毫无意义。因此，国家的属性决定了教育的发展方向，决定了学生培养的方向。我国是马克思主义理论指导下的社会主义国家，这决定了我国教育事业的发展要以为国家培养社会主义建设者为核心目标。这就为思政课程和课程思政的发展进行了定性规定，即无论是思政课程还是课程思政，在教育教学过程中，都必须以马克思主义理论为教学活动的根本指导思想，都必须基于马克思主义意识形态的视角对大学生进行政治认同、家国情怀、道德法制等方面的思想教育，都必须引导学生自觉抵制西方资本主义错误思潮的侵蚀，帮助其形成为国为家为社会主义、爱国爱家爱社会主义的价值理念。

3.高校课程思政与思政课程的育人方向相同

客观上来说，课程思政和思政课程的育人方向都是要坚持社会主义办学方向和发挥育人功能。当前阶段市场经济环境下，高校所开展的思政课程教学实践活动的核心目的在于帮助当代大学生培养良好的家国概念，形成良好的政治认同，以此为基础自觉参与到社会主义事业的建设工作中来，为社会发展、民族进步贡献出属于自己的一份力量。从这一角度来说，高校思想政治课堂教学实践活动是为了在学生思想层面上给予引导，帮助他们成长为对社会有用的人才，促使他们自觉地肩负起中华民族伟大复兴的重任。课程思政虽然在形式上有所不同，但是其核心目的也在于帮助当代大学生形成上述意识，同时兼顾了专业教育，不仅培养他们贡献社会主义的精神和愿望，同时也重视对其能力的培养。所以，在高校思想政治教育实践活动中，不仅要充分发挥思政课程在人才培养方面的核心作用，同时也要积极主动地将课程思政所具有的重要育人功能发挥出来，让隐性教育和显性教育真正地结合起来，实现思政教育的全员化创造性转变。

4.高校课程思政与思政课程的育人功能相同

思政课程与课程思政均属于大思政体系，思想政治教育是两者的联结点，育人是两者的核心功能，立德树人是其共同承担的根本任务。两者育人功能的共同之处体现在以下三个方面：

首先，思政课程与课程思政都具有提高高校思想政治教育实际效用的功能。思政课程自诞生以来，就发挥着"思想引领、服务成才"的功能作用，就是以影响大学生的思想观念、提升大学生的政治素质为基准的学科；课程思政的提出缓解了思政课程孤军奋战的艰难处境，从教学内容、教学方法、教学管理、教学评价以及师资力量等方面弥补了思政课程的不足，两者通力合作，协同育人，为我国思想政治工作的发展提供了巨大动力。

其次，思政课程与课程思政都具有服务意识形态建设的功能。由于政治、经济、文化一体化的加强，世界各地的联系和交流更加密切，学生有机会接触到各个国家的思想文化。通过思政课程让学生加强"四史"学习，不忘初心，牢记使命；通过课程思政让学生学习本领的同时鼓励学生树立崇高远大的理想，以充分实现自己的价值。

最后，思政课程与课程思政都具有文化传承和素养培育的属性功能。思政课程虽然以德育为主，但思政课程借助中华文化对学生进行思政教育，客观上有助于促进中华文明的传承，促进学生延续几千年的民族精神和民族禀性。课程思政虽以技能教学为主，也会将其中蕴含的思想教育资源挖掘出来，以此提高学生的道德水准。

5.高校课程思政与思政课程的内容互补

思政课程包括"马克思主义基本原理概论""毛泽东思想和中国特色社会主义理论体系概论"等多门课程，鲜明的政治性、目的性以及中国特色性是思政课程的主要特征，不仅内容更为具体，而且也有着更为清晰的教学目标。当前阶段我国市场经济进入新常态阶段之后，我国的高等教育在发展上必须保持和国家发展、民族进步的方向相一致。这就要求我们在开展高校思政课程内容建设的过程中不仅要从国家的需求、民族的需求出发，更要体现时代的客观需求。相对于思政课程来说，课程思政不仅更为复杂，而且内容也更为丰富。课程思政是依附于各学科专业课程的，将思政元素融入各门专业课，如化学、生物、物理等课程中，注重对学生进行职业道德教育，从而使学生在专业知识的学习中也能不断接受思政资源的潜移默化的影响。由此可见，课程思政与思政课程在内容上互相补充和丰富，已经拓展了思想政治教育的渠道，同时也为我国思想政治提供了更为丰富的创新要素。

从以上三个角度可以看出，无论是思政课程还是课程思政，都以育人功能为核心内涵。从育人的概念到课程思政理念的提出和演进，体现了对高校育人本质的深化和新时代高校课程思政育人的协同要求。高校课程思政和思政课程都是以"课程"为载体，以人才培养为目标，从不同的层面履行课程的育人功能，发挥课程的育人作用。二者之间有着深刻的联系，但是二者的侧重点也存在一定差异。

（二）各有特点，相互区别

尽管高校思政课程与课程思政两者之间有许多共同之处，但也存在一些区别，如两者的课程定位不同、思想政治教育内容不同、育人的表现形式不同等。只有弄清两者的区别，在具体的实践过程中才能更好地进行分工，发挥各自的优势，达到最优的效果。

1. 概念界定上的区别

思政课程是指专业进行思想政治教育的课程，它是思想政治教育课程和相关教育活动的总称。而课程思政则是指在专业课程中融入相关思政元素，以对学生进行思想政治教育的活动。其不是专指的一门具体课程，而是一种全新的课程教育理念，其特点是以所有课程为载体，贯穿和渗透学生的思想政治教育，强调全部课程教育功能和价值，改变以往思想政治课程单一方面的教学结构，让各类课程的教师在传授知识的同时注重价值取向。

2. 育人方式上的区别

思政课程采用的是直接的、显性的思想政治教育方式。思想政治课是高校思想政治教育的主渠道，更注重明确的显性意识形态的传授。具有专业知识背景的教师通过系统化、专业化的课程体系整合共同的社会价值观和伦理道德，通过课堂讲座和其他方式直接教授给学生。而课程思政则更加注重和强调间接的、隐性的思想政治教育方式，通过这种潜移默化的方式，让学生在接受相关课程中的思想政治元素的同时，接受专业知识的学习，从而达到润物细无声的效果。

3. 思政内容上的区别

单从课程的内容来说，课程思政可能会在一定程度上涵盖思政课程的内容。但前者所涵盖的后者的内容往往是零碎的而不是系统的，而后者所承载的内容，则是基于课程需要，有计划、有目的地系统呈现，不能将两者简单地理解为包含与被包含的关系。

思政课程的教育内容主要包括"马克思主义基本原理概论""毛泽东思想和中国特色社会主义理论体系概论""思想道德修养与法律基础""中国近现代史纲要""形势与政策"这五门由国家专门指定的马克思主义理论课程，在课程设计和教学方式上都相对明确。思政课程的主要功能就是通过马克思主义理论来教育引导学生，帮助学生形成优良的道德素养，指引其树立远大理想。由于教育内容相对规范，因此思政课程的教育教学特征鲜明，即思政课程具有强烈的意识形态性和严谨的学术性。通过对学生进行思政课程的教育，有助于学生形成唯物主义的思维方式、集体主义的价值观念和爱国爱家的政治情感，使其在成长成才的过程中坚定信念、确定方向。

课程思政的思想政治教育内容并无具体的课程，其内容会根据不同专业课的特点以及专业课教师的育人能力而发生变化，因此育人内容具有很强的随机性、不确定性，甚至是不规范性。课程思政的基本功能就是通过专业课教师在专业课教学过程中适当地引用思政元素，如在讲授屈原诗词时强调屈原的爱国精神，以对学生思想产生正向教育作用，使同一学生群体产生与"思政课程"同频共振的教学效果，防止思想政治教育工作"你方搭台、我方拆台"的不和谐现象。一般而言，课程思政的思想政治教育内容取决于专业课教师对思政元素的挖掘程度和汲取程度，其教学效果的发挥依赖于教师对思政内容的理解和运用技巧，在育人效果上难以评估。

4.课程地位上的区别

高校思政课程和课程思政育人功能的地位不同，实际上就是二者扮演的角色定位不同。

一是高校思政课程的育人主渠道地位不能动摇。正如恩格斯的历史合力论思想指明，历史是多种因素交互作用的结果，其中起决定作用的仍是经济因素。高校思想政治理论课是大学生思想政治教育的主渠道，是大学生的必修课程。2018年，教育部出台的《新时代高校思想政治理论课教学工作基本要求》又开宗明义地指出了"思政课程是全面贯彻立德树人根本任务的主干渠道和核心课程，是加强和改建高校思想政治工作、实现高等教育内涵式发展的灵魂课程"。

二是高校课程思政改革要继续深化拓展，发挥课程育人载体的重要作用。2017年教育部提出了"十大育人体系"，其中课程育人位于首要位置，依托各类课程进行思想政治教育是新时代思想政治教育创新改革的重要方式和必要趋势。《高校思想政治工作质量提升工程实施纲要》《关于深化新时代学校思想政治理论课改革创新的若干意见》等文件纷纷强调，大力推动以课程思政为目标的课堂教学改革，发挥所有课程的育人功能。中央的各项政策和文件已经明确将课程思政的内容纳入了思想政治教育课程体系，这个体系旨在形成育人合力，在"立德树人"问题上相辅相成。《高等学校课程思政建设指导纲要》更是指出，全面推进课程思政建设是人才培养的应有之义。课程思政也是落实立德树人根本任务、实现"三全育人"的必要途径和方式，拓展了思想政治教育的课程载体和渠道。

综上，思政课程是思想政治教育的主渠道和轴心，课程思政是思想政治教育的载体、渠道和呈现方式，是"主渠道"与"微循环"之间的关系。高校思政课程要持续深化理论"灌输",课程思政要及时关注财经领域的热点、难点和前沿问题,找准各类课程与思想政治教育的连接点。

5. 表现形式上的区别

思政课程与课程思政的差别绝不仅仅是文字顺序上的调整,更深层次的是教育形式、教育方法的渐次更新。思政课程与课程思政作为中国高校开展德育工作的两大抓手,在课堂教学上具有相似性,但二者在具体教学方式上有着明显的差异。

思政课程是高校开展思政工作的主阵地,在弘扬主旋律上发挥着重要作用。随着高校教育事业的变革,思政课程在其发展过程中呈现出专业化的发展态势,在中国绝大多数高校都已设置独立学科和专业教师,且课程体系已经日益完善,教学管理和培养考核机制也已逐渐成熟。在列宁"灌输"理论的指导下,思政课程的主要教学方式是显性教学。思政课教师会旗帜鲜明、开诚布公地用马克思主义的基本理论和哲学观点对学生进行思想政治教育,以鲜明的政治立场、坚定的政治信念和高远的政治目标引导学生健康成长。可见,当代中国高校思政课程的最大特点就是直接性和稳定性,不仅会将马克思主义与中华优秀传统文化作为教育体系的精神涵养,而且会在整个教育体系和课程体系中对学生进行全过程的持久影响。此外,由于马克思主义理论本就是一种阶级立场鲜明的意识形态理论,故而高校思政课程对学生的思政教育也以符合国家和社会发展为最终价值目标,这凸显了马克思主义理论育人的鲜明指向、本质特征和政治色彩。

课程思政是专业课或通识课教师通过潜隐的方式将马克思主义的理论观点、社会主流意识形态渗透到具体的教学内容和课堂教学之中,使受教育者在潜移默化中将理论知识外化为自觉行动的教育过程。但由于高校课程门类众多,课程体系囊括甚广,课程思政无法在课堂教学中大量地、直接地向专业课学生展示思政内容,因而与思政课程相比,课程思政采取了更为隐蔽、更为含蓄的教学方式,教师通常会将思政元素附着于专业课知识之中,将其潜移默化地予以呈现,最终对学生产生身心层面或是思维层面的积极影响。此外,由于课程思政在中国的发展并不完善,在教学体系和队伍建设上都存在发展困境,因而课程思政的育人效果会因专业课教师的育人能力、高校对课程思政的重视程度、地区高校协同育人的开展情况而不尽相同,缺少一定的稳定性和专业性。

尽管课程思政与思政课程在育人方式上有着明显差别,但仍然是当前高校开展思政工作的两大抓手，是学生接受素质教育、提升精神境界的重要依托。只有高校合理运用二者之间的协同育人关系，促进二者通力合作、同向同行，将思政元素贯彻于显性教学和隐性教学之中，高校才能不断培育"德才兼备"的新时代人才，使人尽其才、才尽其用。

6.思想政治教育方面各具优势

首先，课程思政更为重视在专业课程中渗透、融入思政教育的元素，强调专业课程教学内容和思想政治教育元素的匹配，而思政课程实际上是一种以传授思想政治知识、开展思想政治教育为主的理论课程。从这一角度来说，课程思政不是一种课程，而是一种具有一定创新价值的教育方法，本身的属性是"方法"。同时，这种方法在实际的应用过程中，具有更好的针对性和亲和力，对于学生来说也更容易接受。

其次，课程思政与思政课程在内容上各具优势。课程思政在内容上并不局限于传统思政课程的范围，还涵盖了人生观、世界观、价值观、道德观、传统文化以及政治认同等诸多领域的内容，不仅更为鲜活，而且也是对高校思政课程的内容进行延伸和细化。而传统的思政课程虽然在亲和力和针对性方面有所差距，但是本身所具有的优势是我们所不能忽略的。与课程思政相比，思政课程在对学生进行思想政治教育的过程中，其全面性、系统性是课程思政所无法媲美的。所以，两者在思想政治教育方面各有优劣，应辩证看待。

第二节 高校课程思政的发展历程

一、课程思政的提出背景

在庆祝中国共产党成立100周年大会上，习近平总书记庄严宣告，"我们实现了第一个百年奋斗目标，在中华大地上全面建成了小康社会"，中国也已经进入了更高水平的发展时期。但是，我们也应当更加清晰地认识到，前进的道路上，既有前所未有的历史发展机遇，也碰到了各种类型的问题挑战，只有坚定地落实好全面协调可持续发展理念，把握好高质量要求，才能更好地应对不同层面、不同领域的竞争与挑战，始终在时代发展上具有绝对的话语权。国际关系正在重塑，从国际上看，国际形势发生着剧烈的变化，纷繁复杂的西方话语体系已无法解释当今世界格局和发展趋势，治理理论也无法解释后现代化发展的现状。西方国家在体制、发展模式和价值观上出现了诸多弊端，已经不再适应国际新格局和时代潮流的发展。另外，新技术为全球经济发展注入了新动力，深刻地影响着各国的前途和命运，影响着国际大格局和产业分工体系的走向，推动着国际格局朝着更为公平、合理的方向发展。

国内方面，随着中国国际地位的提升，西方国家视中国为战略对手甚至是威胁，更是在意识形态领域对大学生进行渗透，让大学生在吃喝玩乐中接受西方的生活方式、消费观念和价值观，试图摧毁大学生对马克思主义的信仰，使大学生的思维向西方资本主义转移。通过各种方式让当代学生不认可我们党提出的共同理想，对我国的发展产生错误的认识，给当前我国高校思想政治教育工作带来了非常严峻的挑战。如何使大学生在变局中对中国、对世界有更清晰、更理性的认识，如何树立坚定的信念，如何增强中国特色社会主义"四个自信"，这种现实课题是新时代高校进行思想政治教育工作时必须攻克的难题。中国教育要牢牢地把握世界教育变革的战略发展机遇，为世界教育变革的构建和引领提交中国方案。高校是我国的教育中心，在高等教育上要更好地突出立德树人，这也是高校教育的基本目标。高等教育应当更加自觉地将党的核心领导融入教育教学的每一个环节当中，以绝对的党性支撑新时期高等教育改革发展事业，这样才能培养出素质水平过硬的优秀人才，才能更好地服务于全面深化改革的伟大事业。在此前提下，高校深入开展课程思政建设格外重要。

依托课程思政建设，能够让高校在人才培养上具有更加明确的目标，可以对人才的评判进行更加精准的定位，尤其是课程思政的深化落实，以及不同层面教育资源的投入，有利于形成良好的课程思政实施体系，可以实现对优秀人才在思想认知与行为价值上的有效引导。

立德树人是教育的根本任务。教育部出台《高等学校课程思政建设指导纲要》，从基本目标与实际内容两方面对课程思政建设进行了明确。在全力推进新时期高校课程思政的实施上，要更加突出立德树人的基本导向，是高校建立完善育人机制，使用多种具体途径、各个方位加强对学生的爱党爱国意识、职业道德、职业精神等思想政治教育的有力支撑。

目前，课程思政建设工作重心需要从理论探讨、顶层倡导和系统设计方面进行相互融合、生成与转化，从而积极地将课程提升至更有内涵、更有价值、更具灵魂的新的发展境界。这样就能够对价值进行更有效的塑造，能够更好地传授知识，进而更快地提升基本能力，使所有教师在所有课程中都能落实立德育人的根本任务，承担起育人的根本责任。

二、高校课程思政的发展阶段

（一）概念萌芽阶段（2000—2014年）

新中国成立以来，我们党始终关注和重视思想政治教育工作。中国特色社会主义进入了新时代，党中央更加注重强调思想政治教育工作的重要作用及地位。关于课程思政的概念虽然是在近年提出的，但其形成和发展也经历了长期的积累和沉淀。2000年，中共中央办公厅、国务院办公厅颁发了《关于适应新形势进一步加强和改进中小学德育工作的意见》，旨在全面加强和引导基础阶段对学生的道德教育、政治教育、思想教育、心理教育和法制教育，这些教育则可以统称为"学科德育"。2004年以来，中央先后出台关于进一步加强和改进未成年人思想道德建设和大学生思想政治教育工作的文件。2005年起，上海启动实施"两纲教育"，推进以"学科德育"为核心理念的课程改革，并于2005年先后出台了《上海市学生民族精神教育指导纲要》和《上海市中小学生生命教育指导纲要》（以下简称"两纲教育"），整体构建大中小学德育体系。2010年起，上海承担起国家教育体制改革试点项目"整体规划大中小学德育课程"的任务，聚焦大中小学德育课程一体化建设。以此为契机，在"两纲教育"基础上，探索形成了以社会主义核心价值观为核心教育指向，以政治认同、国家意识、文化自信和公民人格为重点的顶层内容体系构架，并根据不同学段学生的特点，开展德育课程一体化设计。上海以"学科德育"为基础进行了研究与探索，而后提出了"课程思政"这一概念，并将理论与实践相结合，形成了具有推广价值的经验，而上海基于思想政治教育进行的探索和成果也得到了国家教育部门的肯定和认可。由此，课程思政的概念正式提出，并成为诸多学者研究的热点。

（二）初步形成阶段（2014—2017年）

2014年起，上海将德育纳入教育综合改革重要项目，逐步探索从思政课程到课程思政的转变。同年，上海市委、市政府印发《上海市教育综合改革方案（2014—2020年）》。经过这一阶段的探索，上海逐步形成了"课程思政"理念，推出了"大国方略"等一批"中国系列"课程，选取部分高校进行试点，发掘专业课程思想政治教育资源。

2014年3月30日，教育部印发的《关于全面深化课程改革落实立德树人根本任务的意见》明确指出，立德树人是发展中国特色社会主义教育事业的核心所在，是培养德智体美全面发展的社会主义建设者和接班人的本质要求。课程是教育思想、教育目标和教育内容的主要载体，集中体现了国家意志和社会主义核心价值观，是学校教育教学活动的基本依据，直接影响着人才培养质量。

2016年12月7日至8日全国高校思想政治工作会议在北京召开。习近平总书记在会上强调："高校思想政治工作关系高校培养什么样的人、如何培养人以及为谁培养人这个根本问题。要坚持把立德树人作为中心环节，把思想政治工作贯穿教育教学全过程，实现全程育人、全方位育人，努力开创我国高等教育事业发展新局面。"

2017年2月27日，中共中央、国务院印发了《关于加强和改进新形势下高校思想政治工作的意见》，为新时期高校开展思想政治工作提供了指南。

（三）全面发展阶段（2017年至今）

课程思政自其概念提出至今，关于课程思政诸多热点的研究已经历了十几年的时间，在这期间关于高校课程思政的探索主要可以从理论和实践两个基础方面进行梳理和总结。

根据学者对于高校课程思政理论的研究热点进行分类，主要可以从宏观和微观两个层面进行解析。一些学者主要从"课程体系构建""师资队伍建设""教学改革"等宏观层面进行研究，所涉及的范围较为广泛，主要体现为对制度、体系建设的探索。还有一些学者则是从"内涵""价值意蕴""思政元素融入"等微观的层面进行研究，主要以某些专业课程为例，探索如何将思政元素融入专业课程，或是以思想政治教育为视角探索课程思政的建设。以上研究均为课程思政的实施和发展做出了重要贡献，为高校课程思政的实际建设总结了宝贵经验，提供了重要借鉴。

高校课程思政建设的实践尚处于初步探索的阶段，但仍有不少地区已经将课程思政建设理论与实践相融合，以此推动高校课程思政建设的实践发展。例如，2019年，北京大学本科教育质量提升年中，学校出台了《北京大学深化本科教学改革实施方案》，明确所有教职员工都有育人的责任，各类课程（活动）均有育人的功能。2020年9月7日上午，北京大学召开"北京大学课程思政建设经验交流会"，会议旨在深化北京大学课程思政建设，探讨课程思政的建设目标、内容重点和教学体系，提升教师的课程育人的意识和能力。

2019年12月31日，复旦大学发布了《关于复旦大学2019年度课程思政示范课程建设项目立项的通知》，明确了根据《复旦大学课程思政攻坚行动计划实施方案》工作要求，2019年将进一步扩大示范课程建设规模，将通识教育核心课程、大类基础必修课程、已建荣誉课程和"复旦行知·服务学习"系列课程纳入示范课程建设。

2019年7月,郑州大学研究制定了《郑州大学关于推行"课程思政"教育教学改革的实施方案》,学校先后发布了《关于开展郑州大学2019年度"课程思政"教育教学改革示范课程申报工作的通知》《关于开展郑州大学2019年研究生"课程思政"教育示范课程申报工作的通知》,在全校共遴选了47门本科生课程、43门研究生课程进行"课程思政"教育教学试点改革,覆盖了学校所有院(系)。

2019年10月,四川省召开高校课程思政建设培训会,并启动实施"课程思政百千万工程"。

2020年7月,河北省组织开展高校课程思政"云讲堂"系列培训活动,旨在落实课程思政建设,组织教师参加培训。

2020年9月,上海出台《关于深入推进上海高校课程思政建设的实施意见》,全面启动高校人才培养方案修订工作。此外,上海还推出了交通运输类、地理学类两本课程思政教学指南,分别是同济大学的《交通运输类课程思政教学指南》和华东师范大学的《地理学类课程思政教学指南》。

2021年2月4日,教育部高等教育司印发了关于《教育部高等教育司2021年工作要点》的通知,明确提出了要全面加强高校课程思政建设,紧紧抓住教师队伍"主力军"、课程建设"主战场"、课堂教学"主渠道",健全完善所有高校、所有教师、所有课程育人网络,使各类课程与思政课程同向同行,构建全员全程全方位育人大格局;落实《高等学校课程思政建设指导纲要》,深入开展专项调研,了解指导推动各地各高校课程思政的实施。

第三节 高校课程思政的主要特征

一、育人性

2014年9月9日,习近平总书记在同北京师范大学师生代表座谈时明确地提出:"唐代韩愈说:'师者,所以传道授业解惑也。''传道'是第一位的。一个老师,如果只知道'授业''解惑'而不'传道',不能说这个老师是完全称职的,充其量只能是'经师''句读之师',而非'人师'了。古人云:'经师易求，人师难得。'一个优秀的老师，应该是'经师'和'人师'的统一，既要精于'授业''解惑'，更要以'传道'为责任和使命。好老师心中要有国家和民族，要明确意识到肩负的国家使命和社会责任。"2016年，习近平总书记在全国高校思想政治工作会议上明确提出："高校思想政治工作关系高校培养什么样的人、如何培养人以及为谁培养人这个根本问题。要坚持把立德树人作为中心环节，把思想政治工作贯穿教育教学全过程，实现全程育人、全方位育人，努力开创我国高等教育事业发展新局面。""要加强师德师风建设，坚持教书和育人相统一，坚持言传和身教相统一，坚持潜心问道和关注社会相统一，坚持学术自由和学术规范相统一，引导广大教师以德立身、以德立学、以德施教。"2019年3月18日，他在学校思想政治理论课教师座谈会上提出："教师承载着传播知识、传播思想、传播真理、塑造灵魂、塑造生命、塑造新人的时代重任。"

教师在为学生解题答疑的同时，更要培养学生良好的道德操守。一个人不管他的专业知识技能有多优秀，如果没有坚定的政治立场、良好的道德品质，也不能为社会主义建设做出贡献。品德对于一个人至关重要，教师承担着教书育人的职责，立德树人与每一个教师息息相关，不仅仅需要通过思政课帮助学生提升文化素养和道德修养，其他课程应该也必须注重塑造与引导学生的价值观。课程思政在其他课程中融入思想政治教育元素，在对学生传授知识的同时，也重视对学生的品格塑造和价值引领。课程思政坚持立德树人，为社会主义的建设发展培养才品兼具的时代新人，所以育人性是其首要特征。

二、系统性

课程思政具有系统性，这里的系统性指的是多方主体和多种资源的协调配合。高校课程思政的建设需要各部门全体人员齐心协力、集体参与，实现全员育人、协同育人，以推动高校课程思政工作体系化发展。此外，高校思想政治教育不应仅限于思想政治课程，而应扩展到所有学科，包括医学、管理学、经济学等。为落实立德树人的根本使命，各类通识课、专业课等学科通力合作，共同作为一个整体协同配合，共同挖掘思想政治资源，共同发挥人文教育的效果，实现全课程、全过程育人。

三、全面性

课程思政本身不是增开的一门独立于其他学科的课程，它是以课程观的形式而存在的，使人们不仅仅局限于从思想政治理论课程中获取思想政治教育，而是可以从全部学科课程当中接受和领悟育人的基本观念。课程思政的实施需要全员、全过程、全方位的共同努力，才能达到高校育人的最终目的。

全员育人需要全体教师积极主动地参与到课程思政的建设中，着力发挥课堂育人主渠道的作用。思政课教师和专业课教师合力形成育人整体，高校管理层人员也要参与其中，发挥各部门的作用，使课程思政的建设驶入正轨。

全过程育人是指在所有课程中自始至终贯穿着课程思政，在所有课程的教学过程中进行隐性的、渗透式的教育，高校各门课程从根源上看都具有一定程度的育人作用，也肩负着育人的职责，长久以来，育人效果的不明显在于对德育的忽视和轻视，加强课程思政的"疗效"，就要在实施的过程中进行完善，真正将思想政治教育贯穿各门课程中，在磨合中相互融合。

全方位育人需要充分利用各种教育载体。教育不仅仅是指学校课本或课堂上的教育，与之相关的诚信教育、校园文化建设、教风学风建设、实践教育活动等都是思想政治教育所涵盖的范畴，它们与课堂教育的区别在于育人的形式不同，但都是课程思政育人不可或缺的部分。

四、渗透性

课程思政的实施需要多学科的共同合作，思想政治教育工作也不仅局限于专门的思想政治理论课，要在进行专业课程的教学当中不失时机地渗透与专业教学内容相关的思想政治教育元素，引导学生对专业知识进行深度理解和应用，并领会专业知识中蕴含的育人道理。

渗透性一方面是从人的角度来进行的，要提升全体教职员工的思想，高校教师要明确了解各门课程都具备育人功能，所有教师都肩负着育人职责，校级党委工作人员对课程思政的进程进展效果承担主体责任；另一方面是从探索思想政治教育元素的角度来进行的，高校各类专业课程在其本身所具有的专业性外都蕴含着深刻丰富的思想政治教育资源。学生要在学习的过程中透过现象看到每门专业课程的本质，透过专业知识感受其所内含的思政元素。通过课程思政的实施，不仅能够使学生加深对知识的理解，更能感受德育的力量与价值，达到内化于心、外化于行，其无论是对学业还是处事方式都有指向性的作用。专业学科学习与思想道德学习存在着内在统一的关系，表现在知识层面的深层交叉与教学过程的全面融合。全面展开的道德教育必须经过各科教学得以实现，或者理解为专业学科课程是道德教育所表现出的更为广泛、普遍的课程形态，从更为随机的、内隐的方式进行道德教育。

由此可知，课程思政以润物细无声的方式进行着思想政治教育资源在各类专业课教学中的传递。它是一种对理想与价值的输送和培育。它的渗透性使教育的范围更为广泛，使思想政治教育更具包容性。

五、人文性

课程教学的根本目的是教书育人，这体现了人文精神。课程思政借助挖掘人文素养元素，特别重视人文精神，具有人文性。什么是人文精神，即对人类生命价值和意义的一种探索。真正的教育不单纯是知识的讲授，更重要的是具备正确的价值导向。我们的教育是培养具有家国情怀的人，并不是培养只关心自己利益得失的人。实际上，因为每门课程的性质不同，课程思政的难易程度不同，所以体现的人文性程度也会有所不同。课程思政要突出人文精神，深入挖掘人文元素，充分领会习近平总书记立德树人的深刻内涵，结合知识教育和理想信念教育、道德教育，使课程真正承载思政，让课程思政遍地开花，充分关怀学生，塑造人文精神。

六、潜隐性

课程思政的潜隐性与思想政治教育理论课程直接传授知识的模式有较大的区别，它是无形的教育教学，以潜在的、隐性的形式将德育思政内容传授给学生，采用的教育教学方式通常都较为隐蔽。专业课、通识课、实践课通常传授专业技能知识、通识修养知识以及应用实践类知识，所有传递的学科内容都是显性的，但其中每类课程都蕴含着无形的、潜在的、隐性的思想政治教育资源，正是这部分具有潜隐性的教育资源需要任课教师主动深入挖掘，并在传授学科知识的过程中以潜移默化的方式融入其中给学生提供讲解。

潜隐性的课程思政教育对学科任课教师提出了以润物细无声的方式进行授课的要求，需要授课教师精心策划，达到寓德于课、寓教于无形的状态。课程思政要实现知识传授与价值引领的教育教学目标，既要加强推进思想政治理论课的显性教学力度，又要着力以隐性教育的方式将理想信念教育根植于其他各类课程当中，拓展社会主义核心价值观形塑和意识形态教育的实施场域，引起学生的情感共鸣，从而使思想政治教育内容内化于心、外化于行。

七、协同性

课程思政实施中的协同育人要求我们从人员与环境两个维度展开研究。人员维度的协同是指全员育人。全员育人的范围不仅包括高校的教师教工，而且还需要家庭成员、社会民众和广大学生的共同参与。高校在这一过程中处于首要关键的位置，它是教育学生走向社会的最后环节，直接影响学生今后的思想发展和行为规范。曾经有错误的观念认为思想政治理论课完全承担着思想政治教育的任务，而专业课主要负责进行专业知识教育和技能教育，这种观念造成思想政治理论课与其他学科在教学内容上的脱节，始终没有达到寓德于课、立德树人的目的。思想政治理论课不能作为唯一承担思想政治教育的课程，不能忽视潜藏在其他课程中的教育因素，这种观念影响着马克思主义对于思想政治教育的作用成效。思政课程与课程思政展开协同教育，充分发挥育人功能并始终坚持共同的社会主义办学方向。思政课教师与专业课教师在教育方向上同向同行，在教育理念上协同育人，集中力量提升育人合力，共同走向正确的政治方向，共同进行思想政治教育。同样的，社会民众、学生本身及其家庭成员都应确立自身的定位，各司其职，完成育人使命。环境维度的协同要求高校要营造"大思政"环境。在学校要将思想政治教育工作贯穿于课堂及校园的始终，除打造精品课堂外，在校园生活中也要积极宣扬和挖掘思想政治教育元素。"大思政"教育观要在教育进行的多个环节把握时代步伐，结合时事，有的放矢地进行思想政治教育。从多维度探究课程思政的协同性，将思想政治教育以"基因式"融入协同育人的过程中，让课程思政生根发芽。

八、融合性

课程思政具有融合性，这里的融合性主要是指知识、元素和主体的整合。思想政治要素和思想政治教育资源包含在不同的课程中，与不同课程的知识和内容紧密相连，形成一体化的联系。各学科教师在日常备课和科研过程中要充分挖掘学科所蕴含的思想政治要素，在本学科教学内容的教学过程中充分融合专业知识与思想政治要素，为提高本学科的教学内容中思想政治教育的感染力，要努力实现知识与价值观的融合，形成立体化的专业知识，促进高校思想政治课的融合发展。

九、引领性

新时代高校的育人形式和育人内容要打破传统的只传授显性知识的课堂教学的壁垒，进行创新育人是必要的，也是紧迫的。在全国高校思想政治工作会议后，各地高校都着力推进课程思政的实施热潮，改革思想政治教育、强化价值引领、牢固理想信念是思想政治教育发挥的重要功能。课程思政具有引领性，不仅是因为思想政治理论课占据主导位置，专业课程在价值引领方面也发挥着极其重要的辅助作用，专业课教师也应言传身教致力于将专业研究精神与社会主义核心价值观相糅合，对学生价值观的树立有着不可替代的模范作用。从课程思政的教学内容来看，寓价值观引导于知识传授和能力培养中，不仅要以课堂为载体，更要重视对价值的塑造，明确正确的价值理念和高尚的精神追求。教育的职责绝不仅仅是简单传授专业知识，更主要的是对学生的道德品质、理想信念的引领导向作用。习近平总书记曾形象地描述青少年阶段是人生的"拔节孕穗期"，最需要学校和家庭的精心引导和协同培育。青少年是国家的未来，而青少年的价值取向在一定程度上对未来整个社会的价值取向起决定作用。高校课程思政的核心特性是价值引领，青年时期的价值观教育对于青年学生本身以及国家和社会都具有重要意义。

十、综合性

课程思政不是简单的一门课程或者一项活动，而是一种新的教学理念，它由专业课、综合素养课以及"第二课堂"等所构成。

首先，课程思政的综合性首先体现为教学过程的综合性。在第二十三次全国高等学校党的建设工作会议上，习近平强调，办好中国特色社会主义大学，要坚持立德树人，把培育和践行社会主义核心价值观融入教书育人全过程，明确了立德树人的根本任务，以及要把思想政治教育贯穿于教育教学全过程，坚持全过程育人。纵观传统的专业课教学，思想政治教育与专业课相分离，"教书"与"育人"相分离，学生学习到专业知识，但是思想道德却没有很大提高，很难成为国家的栋梁之材。因此，提出课程思政，有利于破除思政课的"孤岛"困境，通过全过程育人，更好地实现立德树人这一根本任务。

其次，课程思政的综合性体现为教学内容的综合性。课程思政主要由专业课、综合素养课以及"第二课堂"所构成，旨在构建"三位一体"的课程体系，营造全员、全过程、全方位的育人氛围。

最后，课程思政的综合性体现为教学主体的综合性。课程思政不只是思政课教师的孤军奋战，而是全体教师的共同努力，同时需要学校党委的高度重视、调控与布局，以激发课程思政的最大优势。

十一、思想政治性

课程思政的核心内涵即为"思政"。首先，从国家战略高度来看，习近平总书记指出，"要用好课堂教学这个主渠道，思想政治理论课要坚持在改进中加强，提升思想政治教育亲和力和针对性，满足学生成长发展需求和期待，其他各门课都要守好一段渠、种好责任田，使各类课程与思想政治理论课同向同行，形成协同效应"，明确了课程思政与思政课程目标的一致性。在《关于深化新时代学校思想政治理论课改革创新的若干意见》中，要求"深度挖掘高校各学科门类专业课程"所蕴含的"思想政治教育资源"，发挥所有课程蕴含的育人功能，表明了课程思政的属性首先是思想政治性，为党育人、为国育才也是课程思政的首要任务。其次，课程思政要承担思想政治理论课的基本任务，包括引导学生树立正确的世界观、人生观和价值观，贯彻落实党的各项方针政策，帮助学生坚定政治信仰，坚定不移地走中国特色社会主义道路等，这也是实施课程思政的应有之义。

第四节 高校课程思政的育人价值

一、有利于培养学生的价值理性

高等教育阶段实施课程思政，首先凸显了国家、社会对学生进行价值观培育，进而实现知识、能力与价值观有机结合的重视。正如有的教师指出的，由于高等教育阶段有一个职能是社会服务，那么它的社会服务职能就会贯穿在教学的整个过程中。高等教育阶段是直接为社会培养劳动者的。学生从高等学校毕业之后，大部分会直接进入工作岗位，所以高等教育阶段开展课程思政教学，可以有效提高人才培养质量，也将会提升劳动力市场的整体素质。青年群体是参与国家建设、推动社会进步与发展的中坚力量，更应满足时代的要求，注重其价值观的培育与养成。高等教育阶段要培养高等素质人才，就要提高大学生的素质与能力，更要实施课程思政，进而实现知识、能力与价值观培育的统一。

课程思政的教学过程能够实现课程知识的育人价值，又因为意识形态属性是课程知识的根本价值属性，因此实施课程思政，能够实现意识形态育人，培养学生的政治理性。这表现为能够满足学生的成长需要，利于学生自身的人格完善，进而促进学生品行品质的养成，培养学生的政治理性。课程知识本身的意识形态属性体现了国家与社会对人才的标准化要求，蕴含着丰厚的社会价值，能够帮助学生更好地融入社会、与社会接轨。高校应作为社会"服务站"，作为"知识的生产者、批发商和零售商"，通过分析与解决社会问题、引领社会发展、为社会提供高质量人才等措施来不断实现自身服务社会的使命，履行自身的职责。高校课程思政的实施，能够帮助学生承担社会服务之职，拓展了情感的作用范围，拓宽了情感的广度，同时能够培养学生将自己融于服务社会的过程之中，使得自身成为服务社会的一份力量，进而有利于提升学生的精神境界。这一过程中，学生形成了规范自身行为、生成自身行为准则的理性思维，提高学生的思考能力与批判意识，实现学生个性化与社会化的有机结合。

除此之外，能够培养学生形成坚定的政治信仰，满足学生的精神文化需求，并通过形成的家国情怀、创新思维、高尚人格加以表现。例如，有教师认为课程思政的内在价值就在于促进学生人格品质的完善，唤起生命自觉。从课程思政的内在功能而言，首先就是它能够全程进行思想政治教育的知识传授，发展我们的道德认知，同时它可以培育我们的道德情感，实现这种价值的引领。

二、有利于促进大学生全面发展

马克思和恩格斯在《共产党宣言》中写道："每个人的自由发展是一切人的自由发展的条件。"也就是说，每一个人都需要自由、全面的自我发展，只有每一个人都得到了发展，社会整体才能发展，才能达到整体的和谐。少数人的和谐发展并不是我们要追求的最终目的，其只是一个阶段，我们要追求的终极目标是整体社会的和谐发展。其两者互为因果、相辅相成。因此，需要对人进行全面的发展。

所谓全面发展是指按照人的属性实现人的生理与心理、知识与能力、政治与道德等多方面的发展，使人真正成为"完整的人"。"完整的人"一定是身心都是完整的、健康的，而不是残缺的或是不健全的，健康的身心对于"完整的人"的培养具有基础性的作用。大学生首先必须拥有健康的身心才能在生活和学业上取得良好的发展。

思政课程在促进大学生身心健康发展方面发挥着其他课程不可替代的重要作用。一方面，就外部环境而言，面对复杂多变的社会环境和现代信息技术的蓬勃发展，现下思政教育在高校中仍然遵循传统模式，缺乏创新与改变。高校的首要任务就是将对学生的道德品德教育置于首位，这样才能保证对学生知识的教育也能有良好的效果，从而实现立德树人的终极目标。高校作为不同思想的碰撞地和新思想的聚集地，在思想上对学生给予积极的、正确的引导就变得十分重要。如果西方的消极思想被大学生所接受，那么大学生群体在道德品德方面的发展将会受到极大的限制和影响，逐渐偏离正确的思想道德和价值观念的轨道。另一方面，道德品德一旦偏离正确的轨道，与主流价值观所倡导的思想和行为背道而驰，那么体力和智力等基本能力的发展都将会受到限制，甚至变得不健全。大学生群体正确的心理状态是使自我在各个方面都能得到全面均衡发展的有效保障，而如果是受到了消极思想的影响，心理状态处于异常，那么将很可能做出一些极端行为，影响身体健康和体力智力的发展。例如，有的大学生偏离正确的轨道，在道德品德方面抱有不在乎、无所谓的心理，甚至是信奉西方的一些不合时宜、不正确的价值观念，性格变得极端和暴力，很容易对自己或者他人造成身体上的伤害。在个体的发展当中精神健康至关重要。如果精神世界是残缺、不健全的，那么体力和智力这种最基础的能力，在个人其他方面的发展中也会受到制约。

思政课程是高校每一位大学生的必修课程，其充分发挥着培养每一位大学生道德品德的作用，是高校对所有学生发挥的共性作用，在滋润和净化大学生心灵方面发挥着重要作用。课程思政要求在各类课程中对大学生道德品德的发展给予正确引导，从而使他们树立正确的道德观。通过发挥思政课程的价值引领与课程思政润物细无声的思想引导，从而实现对人的培养以及回应全面发展的教育诉求。

三、有利于实现课程知识的内在育人价值

实施课程思政，就是发挥意识形态属性的育人效用，毫无疑问，这有利于实现课程知识的内在育人价值。著名哲学家亚里士多德曾认为，由于人的本性是求知，向善是人的目的，因此应不断接受伦理学的训练，参与政治领域，从而实现更好的生活。著名教育家夸美纽斯认为，教育要提高学生的学识修养，对学生进行品格品行修养教育。知识教学是培养学生品德品行的主要途径。德国古典哲学奠基人伊曼努尔·康德认为，教育应培养学生的判断力。由于知识是主要的教育内容，对知识代表的间接经验进行教学是学校教育最主要的育人途径，因此，通过学习知识促进学生独立的判断力的养成，使得学习知识的过程同样成为学生追求与探索真理、树立并坚定理想的方式与途径，实现知识内在的育人价值与学生成人之间的双向成就。总而言之，在知识教学过程中发挥培育学生品行品质、树立价值观的功效，就是实现了课程知识的内在育人价值。而学生的理性意识的树立，也是知识内在的育人价值的表现与彰显。

课程知识内在育人价值的实现，首先体现为对知识的情境性的回归。知识具备合法性的前提是其立足于特定历史文化情境的分析，深入研究主体的立场，在不同主体互动沟通的基础上达到有效传递。课程知识能够实现其内在的育人价值，首先表明其是被国家、社会与教育认可的价值，证明了其在跟随时代与社会的发展不断进行自我批判与自我调整，从而永葆自身的有效性。其次，体现为对知识

的质量问题的反思。在高等教育阶段实现课程知识的内在育人价值，体现为实施者对课程知识价值的主动反思，是对各种知识所存在的特殊性价值，以及知识的育人时效性与实效性的尊重与认可。课程知识的构建具体体现在对知识的选择与组织过程中具备了主体性反思与加工的力量，知识以何种方式组织与呈现能够满足不同阶段学生成长的需要，知识的"质量问题"获得关怀。最后，体现为对知识的使用目的的再造。由于课程知识的内在性价值应切实地落实于学生成长计划之中，并通过学生的主观能动性发挥得以表现，因此，对待知识便非基于工具主义视角以功利化的利用，而是注重人文关怀，注重人的品质养成，并将知识中蕴藏的价值视为成人必不可少的组成部分，因而更具有"人情味"，甚至在成人的路途中具备了神圣的使命。总而言之，课程知识实现其内在育人价值，表现为知识更具有温度，知识具备了高尚性。

四、有利于完善育人理念与提高育人质量

在课堂教学过程之中，教师应着重做好学生思想引领和价值观的塑造工作。高校课程思政的实施有利于完善高等教育阶段的育人理念。课程思政的实施切实回答了培养什么人、怎样培养人、为谁培养人的问题，因此能够将"三全育人"落实到底。课程思政的特点之一肯定是全方位、全过程以及全员育人，这是它的一个主要特点——三全。它体现的"三全育人"的特点和我们的课程改革实际上是相统一的。课程思政的实施利于实现学生的德智体美劳全面发展，更是把道德品质的培养摆在了突出的位置，注重学生的品格养成与判断能力、理性与实践能力的养成。课程思政的实施就是立足于高校教学全过程中，发挥各个学科、各科教材的育人作用，在各学科教学中凝聚价值观培育的合力，整合引领性育人价值，缓解学科间育人效用的割裂现象。高校实施课程思政，能够充分协同教学主体、管理主体的力量，集中育人智慧，最大化地彰显育人价值。总而言之，实施课程思政能够完善并充分践行"三全育人"理念，构建高等教育阶段的协同育人体系与育人合力。

高校实施课程思政能够提高育人质量。高校通过学科专业实现特色性的育人目标与学生培养目标，"课程思政"的实施过程必然要立足于与服务于学科的发展和专业的培养目标，引导学生学习知识技能，锻炼人际交往能力，形成良好的思想品德，将专业课程知识的教学过程变成"锤炼心志及养成品性的过程"完善专业课程教学的育人的功能。教学课堂不仅是进行知识传授与能力锻炼的场所，而且还是促成价值观养成的主要渠道。在教学过程中运用潜隐性方式实施课程思

政，又完善了专业课教学的职能，提高了教学质量。

五、有利于大学生成为社会主义的建设者和接班人

当前，我国正处于世界百年未有之大变局的时代大背景之下，在这种关键时期，高素质人才是国家稳定发展的重要基石。无论是政党还是国家，如果没有一批高素质、高觉悟的人才为基础，是不可能获得长远发展的。在中华民族的伟大复兴工作中，同样只有充分发挥人才的聪明才智，才能够为民族的伟大复兴、为祖国的繁荣强盛提供足够的支持。

在这样的宏观背景之下，也客观上对我国高校人才培养工作提出了一系列新的要求和挑战。我国高校不仅要培养德智体美劳全面发展的当代大学生，更要培养出兼具中国情怀和国际意识、有强大的综合素养和良好的社会责任感的人才。

在我国社会主义事业的发展过程中，必须依赖这样的人才。所以，传统思想政治理论课程在大学生培养过程中的作用是远远不足以满足他们成长和成才的实际需求的，高校必须积极主动地通过课程思政育人，将各个教育主体的育人优势结合起来，凝聚成强大的育人力量，只有这样才能实现价值引领和专业知识传授的高水平结合，为中国特色社会主义事业贡献出源源不断的高素质人才。

第五节 高校课程思政实施的必要性

一、落实高校立德树人根本任务

党的十八大至今，各高校一直把"立德树人"当作发展教育的根本任务，努力开展人才培养工作。其实，关于"立德"和"树人"的思想自古已有之。春秋时代的《左传·襄公二十四年》中关于"身死而名永恒"的记述有"太上有立德，其次有立功，其次有立言，虽久不废，此之谓不朽"，即若想要成立一番功业，必须先"立德"。三国时期魏国李康《命运论》也提到："若夫立德必须贵乎？则幽厉之为天子，不如仲尼之为陪臣也。"这句话强调了"德"在治国中起主导作用，充分体现了古人对道德价值的追求和对道德教育的重视，认为只有树立高尚的品德才能达到人生的最高境界。"树人"的思想出于《管子·全修》："十年之计，莫如树木；终身之计，莫如树人。"今天人们常提的"十年树木、百年树人"，就是源于此。可见，"立德树人"的思想由来已久。立德树人强调了"德"在人的德智体美诸多素质中的核心地位和在学校各项工作中的首要地位，

更点明了教育事业不仅是传授专业知识、培养基本能力的事业，同时也是借助合适的教育手段来对学生进行思想引导的事业，令其树立正确价值观，取得长足发展的事业。

立德树人作为当代高校的立身之本，是高校持续发展、提升育人质量的根本保证，而课程思政的提出是立德树人理念在高校教育教学中最好的体现，也是人才培养的应有要义。课程思政育人正是需要各门学科坚持马克思主义理论为指引的育人导向，通过课堂教学的理论教育，传授思想政治道德知识。当前，"立德树人"要充分发挥育人的说服力和影响力，就必须发挥课程思政育人的重要性。在各门课程开展的同时进行思想政治教育，要求各专业、学科和课程构建相互贯通的育人目标体系，结合学科特点与课程内容深入挖掘育人资源，以社会主义之德拓展树人的三个维度，即看待事物的知识广度、乐观积极的人生宽度、解决问题的思维深度，助力学生成长成才。

二、承载"时代新人"的培育责任

党的十九大报告中首次提出要培养担当民族复兴大任的时代新人。青年一代有理想、有本领、有担当，国家就有前途，民族就有希望。国家发展靠青年、民族振兴靠青年。新一代青年人在时代背景下都有自己的机缘和际遇，他们都在用自己的实际行动和能力担当来谋划人生、创造历史。青年时期是坚定理想信念、树立正确价值观的关键可塑期。课程思政的实施结合各高校的实际情况，面对以"立德树人"为根本任务的思政大环境，对培养"时代新人"的责任做出了现实回应。

（一）课程思政培育"时代新人"的爱国情怀

青年人的宝贵在于其富有梦想、充满朝气。迈向新时代以来，我国青年始终抱着振兴中华的美好理想不懈奋斗，将学习专业知识与崇高理想信念紧密相连。革命战争年代的青年有理想有愿景，对民族独立、人民解放满怀希望，甘愿为心中之理想信念抛洒热血。社会主义革命和建设时期的青年依旧不畏困苦积极响应党和国家的号召，挑战荒原走向困难，一往无前建设国家，在迎来的新中国的广袤天地中艰苦创业、辛勤劳动。在改革开放阶段，广大青年更是团结奋进，发出振兴中华的时代强音，并为国家的繁荣昌盛不懈奋斗。青年一代在新时代的培育下必将大有可为，国内外大环境逐步向好也使青年必将大有作为。"长江后浪推前浪"符合自然规律，也符合历史规律，"一代更比一代强"是对青年的期许，更是青年所要肩负的青春责任。在革命、建设、改革的各个重要历史阶段，中国共产党始终对青年一代寄予殷切期望，对青年给予重视、关怀和信任。在课程思政的教育教学中培育时代新人的爱国情怀，既要立足于民族，又要面向世界。爱国主义精神要始终牢牢扎根于时代新人的精神中、头脑中，这也是党和国家对社会主义建设者和接班人的具体要求。

（二）课程思政培育"时代新人"的道德品质

一个国家能否长盛不衰、一个民族能否屹立不倒、一个人能否把握自己实现自己的价值，这些在很大程度上受道德价值的影响。2014年5月，在北京大学师生座谈会上，习近平总书记专门向广大青年系统阐释了社会主义核心价值观，用"扣扣子"的比喻形象生动地说明了青年时期养成正确价值观的重要性。"我为什么要对青年讲讲社会主义核心价值观这个问题？是因为青年的价值取向直接影响未来整个社会的价值取向，而青年阶段正处于价值观形成和确立的关键时期，把握好这一阶段的价值观养成十分重要。这就如同穿衣服扣扣子一样，如果第一粒扣子扣错了，剩余的扣子都会扣错。人生的扣子从一开始就要扣好。"习近平总书记勉励青年人要勤于学习、善于修德、精于明辨、诚于笃行。课程思政的实施就是要教育和引导时代新人践行社会主义核心价值观，积极汲取中华优秀传统文化中激励青年、指导青年不断奋进的丰富养料。课程思政的实施要努力展现传统文化，并竭力推进传统文化向创新性转化，使传统文化活跃起来，带动古籍里的文字、唤醒博物馆里的文物、挖掘在广袤大地上的遗产，将它们以创新的教育形式融汇到教育活动当中，以立体的角度探访传统文化的深刻涵养，领悟传统文化的精髓价值，以此发扬传承，培育时代新人成为有大爱、大德、大情怀的人。

（三）课程思政培育"时代新人"的责任担当

习近平总书记在表达对时代新人的关心与期望时，也着重论述了关于时代新人的责任与担当。时代新人是充满希望、后劲十足的新生力量，自当肩负实现中华民族伟大复兴的历史重任。"天下兴亡、匹夫有责"，时代新人在党和人民的培育和期盼下更需要树立远大理想，为国家和民族的前途不懈奋斗。习近平总书记对时代新人始终抱有殷切的希望，他认为，时代新人经过历史和实践的证明，具有深厚的爱国情怀、远大的理想抱负、丰富的创造能力，他们经过时间的打磨，逐步成为实现中华民族伟大复兴的强大力量。时代新人要始终勤于学习，要善于将所学知识转化为实践的基础，总结经验，产生独到的见解，丰富自己的头脑，开发创新创造的能力，将自身的力量投入社会主义建设当中。

三、巩固高校意识形态阵地的需要

习近平总书记在全国高校思想政治工作会议上强调:"要教育引导学生正确认识世界和中国发展大势,从我们党探索中国特色社会主义历史发展和伟大实践中,认识和把握人类社会发展的历史必然性,认识和把握中国特色社会主义的历史必然性,不断树立为共产主义远大理想和中国特色社会主义共同理想而奋斗的信念和信心;正确认识中国特色和国际比较,全面客观认识当代中国、看待外部世界;正确认识时代责任和历史使命,用中国梦激扬青春梦,为学生点亮理想的灯、照亮前行的路,激励学生自觉把个人的理想追求融入国家和民族的事业中,勇做走在时代前列的奋进者、开拓者;正确认识远大抱负和脚踏实地,珍惜韶华、脚踏实地,把远大抱负落实到实际行动中,让勤奋学习成为青春飞扬的动力,让增长本领成为青春搏击的能量。"这"四个正确认识"既是大学生了解国家基本情况,以及中国在世界中的地位和作用的客观要求,也是帮助大学生建立健康的心理,坚定为社会主义建设服务伟大信念的内在要求,同时还是当前加强高校思想政治教育针对性、实效性的着力点和切入点。

我们进入新的发展阶段的同时世界也在变化发展着,世界人民比以往任何时候来往都更加频繁,联系交往更加密切,文明交流逐渐深入,同时国际格局深刻调整,国际竞争日益激烈,世界形势更加错综复杂。正是基于对自身发展情况的正确判断和对世界大环境的正确判断,才能如鲲鹏展翅在复杂多变的世界中自由翱翔。

(一)国外意识形态演变渗透的外部威胁

随着金融资本在全球的流动,世界各国的联系日益密切,伴随而来的还有世界文化交流也在日益深入,文化交流的日益深入带来的是来自世界不同文化的碰撞和冲击,其中最明显也是最不易被察觉的就是意识形态领域。

社会的运行犹如一个复杂的系统集合,其中包含着许多独立运行的小系统,而各个小系统之间又存在交叉,进而构成了社会系统的集合,教育系统正是其中的一个小系统,所以,教育会受到来自社会的影响。而不同社会中又存在着不同的意识形态,在意识形态领域各种文化现象相互激荡,各种极端主义存在于世界之中,其中不乏极端民族主义威胁着世界的和平与安定。另外,随着时间的推移,经济全球化浪潮愈演愈烈,各个国家在文化上的距离也变得越来越近,国家间的文化排斥现象逐渐减弱,包容性逐渐增强,随之而来的是我国意识形态领域越来越多新元素的加入。社会意识多元且多变,但并非全部都是积极正确的,并非全部都能给人提供正确价值观念,在这其中存在着一定数量的消极价值观念。习近平总书记指出,青年的价值取向决定了未来整个社会的价值取向,而青年又处在价值观形成和确立的时期,抓好这一时期的价值观养成十分重要。这就像穿衣服扣扣子一样,如果第一粒扣子扣错了,剩余的扣子都会扣错。人生的扣子从一开始就要扣好。通过这一生动的举例,我们便能直观地感受到青年期对价值观形成的重要程度,这是其他时期不能取代的。青年一代作为社会的新兴力量,他们是最先被新思想所影响的人群,也是最先投入新思想浪潮之中的人群。就像是五四运动最先发生在北京大学,随后全国各地的青年学生纷纷响应,掀起了全民进行反帝反封建的爱国运动,同时将马克思主义新思想在全国范围内传播。如今高校仍然是新思想、新潮流的发源地,各种思想充斥在大学校园中,大部分的青年学生还未形成成熟正确的价值观念,价值辨别能力相对较低,易受到诱惑,这样便让一些西方国家的不好的思想有了可乘之机,加之某些西方国家处心积虑地想要对外输出自己的思想。例如,西方一直吹捧的"西方中心论""文明优越论"等都在试图打压他国思想,从而打造以西方文明为世界中心的价值观,其通过控制青年价值观为手段,进一步加大对大学生意识形态方面的渗透力度,一旦大学生被西方这种观念所同化,便会使他们颠倒黑白、盲目媚外,甚至排斥我国的优秀价值观。一旦发生这种情况将对大学生产生十分不良的心理影响。新时代的中国青年,生逢其时、重任在肩,施展才干的舞台无比广阔,实现梦想的前景无比光明。中国梦的实现是一场历史接力赛,当代青年要在实现民族复兴的赛道上奋勇争先。面对国外意识形态的不断侵入,必须重视大学生的力量,重视对大学生的思想引导,使大学生将个人理想融入国家和民族的事业中,为民族复兴贡献自己的力量。

(二)国内意识形态多元多变风险管控的内部挑战

如果从观念上来考察,那么一定的意识形态的解体足以使整个时代覆灭,意识形态发挥的作用可见一斑。在当今世界,比经济竞争、军事竞争等更重要的是文化竞争,谁能发展好自己的文化并使这种文化开枝散叶,谁便能在这激烈的竞争中胜出。

意识形态始终都被党和国家视为重点建设领域。尤其是在党的建设方面,从党的建立之初到现今当下,我们国家从未放松。高校一直都是思想文化交流碰撞的场所,同时也具有多元化、多样化的特点,对不同的文化具有强大的包容性,所具有的这些特点对高校意识形态领域的建设提出了更高的要求。怎样办学才能使每个学生都具有正确的意识形态既是每个高校的思考题，也是必答题。

高校坚持社会主义办学方向是发挥教育的价值引领的前提。这就要求高校要扎根于中国大地，办好符合中国实际的大学，坚持党对高校的领导，使高等教育的发展方向与社会主义现代化建设的方向保持一致。"课程思政"在高校的顺利实施需要运用一切可以利用的资源开展思想政治教育活动，使主流价值观在高校内生根发芽。只有对学生做好全方位的思想政治教育，才能使学生从心底认可我国社会主义制度的领先程度与不同凡响，从而确保社会主义办学目标的实现。

总之，我们在面对国内外意识形态的不断冲击时，必须保持清醒的头脑，不断学习主流思想、先进思想，用正确的思想武装头脑，这就需要思政课程与各类课程相配合，向着同一育人目标共同迈进，携手共育新时代社会主义建设者和接班人，从而确保我们国家在意识形态方面的稳定性。

四、弥补思政课育人局限的重要手段

思政课的本质是讲道理，要注重方式方法，把道理讲深、讲透、讲活，教师要用心教，学生要用心悟，达到沟通心灵、启智润心、激扬斗志的目的。然而，把思政课讲得鲜活并非易事，也不是所有的学生都能与思政课教师形成深层次的心灵互动，因而思政课的育人局限性实际存在着，而且在学生身上尤为突出。为此，使课程思政与思政课协同育人十分必要。

（一）思政课育人的局限性日益凸显

思政课是高校铸魂育人的关键课程，在对大学生进行思想引导、价值引领、精神塑造方面具有不可替代的重要作用。但是，在思想交锋日益激烈、价值取向日益多元的复杂形势下，仅仅依靠思政课和思政课教师对个性鲜明、思想活跃的大学生进行思想价值引领的局限性却日益凸显。

具体来说，在思想政治教育内容上，思政课注重理论性，必须深入阐释课程的整个理论体系，且不能忽视层层内容间的逻辑联系，要讲出理论的说服力。由此可见，思政课突出理论导向。在理论导向的支配下，思政课的首要任务就是对学生进行系统的马克思主义和中国化马克思主义理论教育，同时引导学生把对科学理论的认知转化为信仰和信念。正因为思政教育目标明确，注重理论灌输，因此显性教育特征明显。

显性教育特征也使思政课表现出明显的局限性，具体表现在以下三方面：其一，思政课学时有限而内容丰富，不仅不能覆盖大学生在校学习的全过程，在有限的学时内也难以帮助学生形成系统认识。其二，思政课内容"又红又专"，具有鲜明的"政治性"，同时亲和力和针对性不强，容易脱离学生学习和生活实际。其三，部分教师的教学方法单一，照本宣科、"满堂灌"的教学方式容易引发大学生的厌烦情绪，导致课堂教学效果不好甚至适得其反。以上三方面的局限性导致思政课铸魂育人实效不够显著，高校思想政治工作质量亟待提高。

另外，高校思政课的育人局限性在大学生中表现得尤为突出。调查显示，部分大学生对思政课持消极应付态度，或是认为思政课很枯燥，或是认为思政课脱离实践，甚至认为思政课是一种"洗脑"式教育，因此对思政课特别抵触。究其原因，主要是专业性质、课程特点和学生特点综合所致。在这样的情况下，思政课很难对大学生发挥出应有的作用，提升思政课对大学生的育人实效性迫切需要在课程思政的协同下发挥多学科协同育人的优势。

（二）课程思政协同思政课育人

针对思政课铸魂育人实效不强、高校思想政治工作质量不高等问题，习近平总书记多次谈到改革思政课和构建"大思政"格局。课程思政作为一种突破学科界限的新型思想政治工作理念和实践应运而生、方兴未艾。课程思政作为思政课的延伸与补充，不仅可以有效弥补思政课的育人局限，提升育人效果，而且有助于完善"三全育人"模式，构建"大思政"格局，从而整体提高高校思想政治教育质量。

虽然思政课和课程思政都要面向学生开展思想政治教育，但思想政治教育内容却有深浅之分。思政课注重理论性，思想政治教育内容"深"；课程思政则注重价值性，思想政治教育内容"浅"。受课程性质、教学内容等方面的限制，课程思政不可能也不能够复刻思政课程的理论性、完整性、深刻性，而应坚持以专业知识教育为主，注重在教学过程中不知不觉地对学生的思想和行为产生积极影响。

相对于思政课程这种显性教育来说，课程思政的主要优势如下：其一，润物细无声、育人无痕，不易引发学生的厌烦情绪，容易被学生接受；其二，专业课覆盖大学生在校学习的全过程，便于全过程育人格局的形成；其三，专业课教师与学生接触多，更加了解学生的思想动态，可以及时进行针对性的思想政治教育。由此可以得知，思政课程与课程思政教育内容的深浅之分和教育性质的显隐之分决定了二者在育人价值与效度上各有短长，课程思政可以有效弥补思政课在育人方面的一些不足。因此，把显性教育的思政课和隐性教育的课程思政相结合，可以有效拓宽高校思政育人工作路径，显著提升高校思政育人成效。

在思政课育人局限凸显的情况下，推动专业课与思想政治教育有机融合，有助于破解思政课的育人困境，助力思政课育人工作的开展。课程思政的实施，一方面能够有效解决思政课枯燥乏味、脱离实践等问题，另一方面教学方式灵活不刻意，在专业知识教学中有机融入爱国情怀、责任担当、职业道德等思政元素，寓思想价值引领于专业知识和技能教学中，不仅致力于提升大学生的专业素养、科学素养，同时更加关注其人文素养尤其是道德修养的提升，能够起到良好的、正向的隐性育人作用，帮助大学生学会做事，更学会做人。

五、构建"三位一体"课程体系的需要

习近平总书记明确指出，在教书育人时，要从立德树人的根本要求出发，始终坚持培育和践行社会主义核心价值观，从学科资源和学术文化中深度挖掘思想政治教育资源。可见，各类课程在育人环节都是不可或缺的，都有其独特的育人价值。实现高校思政课程与课程思政协同育人，需要构建思想政治理论课、专业课和综合素养课协同发展的立体化育人模式，突出了显性教育和隐性教育在学科之间的有机融合，在知识教学与能力培养中注重价值引导，在一定程度上改善了高校思想政治教育"孤岛化"、思想政治理论课和专业课"两张皮"的问题，创造性地将人文与科技结合起来。

课程思政的实施应牢牢抓住课堂育人这一主渠道。首先，以思想政治理论课为核心。深入贯彻落实二十大精神和全国高校思想政治工作会议精神，认真学习习近平新时代中国特色社会主义思想，坚持以立德树人为基本导向，聚焦解决思想政治理论课教学中存在的重点和难点问题，推进其从传统的教材制度到现代化的教学制度转变，丰富课程资源，加强对思政课教师队伍的培训和建设，增强课程亲和力，提升大学生的课程参与感和获得感。其次，以综合素养课为支撑。综合素养课是一种人文教育，它超越了功利性与实用性，具有较强的包容性。我国的素质教育、全面发展教育、爱国主义教育、集体主义教育等都可以涵盖进综合素养课的范畴之中。综合素养课的教育理念有助于整合现代不同的教育理念和模式，不仅体现了时代特征，而且又保持了民族特色，将现代科技与中华传统文化相结合，对提升育人质量有很大的帮助。最后，以专业课为辐射。相比思想政治理论课，目前专业课教学中对知识的传授更为偏重，育德意识和育德能力相对较弱。要想实现课程思政改革的整体育人效果，就要充分挖掘专业课的育人功能，深度发挥课堂主渠道的育人作用，强调知识教学中的主流价值引导，提炼专业课

中蕴含的文化基因、价值范式及德育要素。

六、提升高校协同育人质量的需要

"培养什么人、怎么培养人、为谁培养人"作为根本性的问题一直都被党和国家所重视，我们党立志于中华民族的千秋伟业，必须培养为中国特色社会主义事业奋斗的有用人才。

（一）高校思想政治理论课改革创新的必然要求

课程思政作为在高校教育改革探索中新出现的教育理念，课程思政虽然在实施过程中面临着许多未知的挑战和机遇，但是在高校育人方面可以说是一种有益探索。

习近平总书记在学校思想政治理论课教师座谈会上提出，坚持显性教育与隐性教育相统一。思政课程之所以作为高校一直以来设立的必修课，是因为其在学生思想教育方面起着至关重要的作用，其一直以来都将思想政治教育内容以及中国特色社会主义主流价值观传授给大学生，不仅使众多大学生构建了正确的价值体系，同时也使他们对共产主义理想信念坚定不移，不断创造自己的价值为社会主义建设服务。课程思政作为一种隐性教育，与显性的思政课程相比，具有较强的互补性。将课程思政与思政课程两者相协同，有助于推动中国特色学科体系的构建。习近平总书记在全国教育大会重要讲话中强调，在党的坚强领导下，全面贯彻党的教育方针，坚持马克思主义指导地位，坚持中国特色社会主义教育发展道路，坚持社会主义办学方向，立足基本国情，遵循教育规律，坚持改革创新，以凝聚人心、完善人格、开发人力、培育人才、造福人民为工作目标，培养德智体美劳全面发展的社会主义建设者和接班人，加快推进教育现代化、建设教育强国、办好人民满意的教育。办社会主义大学，必须有中国特色。课堂教学是人才培养的重要环节，每门课程都要加强教育的政治属性。

（二）构建"三全育人"的培养格局

2016年12月7日至8日，全国高校思想政治工作会议在北京召开，习近平总书记依据会议主题对思想政治教育工作的发展展开讨论，并做出指示。他指出："要坚持把立德树人作为中心环节，把思想政治工作贯穿教育教学全过程，实现全程育人、全方位育人，努力开创我国高等教育事业发展新局面。""全员育人"是指育人的职责不仅局限于思政课教师，还要求高校所有教师共同承担起育人的使命与职责，高校所有教职工、各职能部门管理人员都应结合自身职责参与到育人队伍中，与其他部门与职位优势互补，与所有教师相互协作各司所长，联合搭建共同育人合作队伍，规划联动机制，保证全员育人的可执行性。"全程育人"是从思想政治教育的持续性、连续性和阶段性的特性角度出发，在对学生进行教育的过程中，针对不同时期、不同阶段的课程安排来分配学习任务，依照学习要求来制定计划，完成学习目标，在这其中融入思想政治教育活动，并且使其贯穿课程的始终。"全方位育人"是指课堂教育只是育人途径之一，实现育人目标要多元化、多角度地利用其他教学模式，一定要在思想上明确认识到育人职责不单单是思想政治理论课所要承担与肩负的，其他学科课程也必须充分发挥自身的育人职责，努力达到理论与实践、课内与课外、线上与线下协同育人。"三全育人"中"全"所涵盖的范围十分全面，包含参与人员、发生时间、跨度空间等，内容上无缺失、无死角、无偏差，携手同心同行、协同合作，形成联动一体化机制，凝聚思想政治教育合力。"三全育人"的理念体现了对育人全面性、贯穿性和完备性的具体要求。

课程思政的实施需要全员共同参与，使育人主体负有全面性。课程思政的实施，需要动员全校各方面的育人队伍和力量，广泛地包含为教师队伍和行政人员队伍，将这两部分力量细化则包括思政课教师、专业课教师、学生辅导员、学生导师、各级领导干部、各职能部门行政人员、全校后勤保障人员等。同时，校外大环境对高校课程思政的实施也有辅助作用，包括优秀的专家学者、各行业内的翘楚精英、共和国国之工匠、崇高的时代楷模、伟大的人民英雄等优质社会力量，他们发挥出各自的身份优势、展现出专业的技术才能、总结了宝贵的实践经验，实现自身价值的同时为社会创造出无限的力量，他们的正向影响对高校进行课程思政的实施具有强大的助推力。凡事合则强，孤则弱。"三全育人"倡导人人有责，强强联合。高校在育人体系工程中始终是关键主体，知识的传授绝不是简单的填鸭式教育，课程思政发挥的成效就是使学生明白学的方法、学的方向、学的意义以及怎样才是真正的学好等问题，也是抓紧塑造学生的世界观、人生观、价值观关键时期的"总开关"。高校联合多方力量，打造信息共享平台，建立教育资源协同机制，使课程思政全员育人的参与度逐步提升。

课程思政的实施统筹教育教学全过程，使育人环节具有贯穿性。对高校学生的思想政治教育要落实到人才培养的各个环节，并伴随学生成长成才的全过程。新时代学生不仅要学习丰富的文化知识，还要全面发展，高校要抓住这一育人理念，依据各专业学生的成长规律、学习特点、专业特点，结合思政工作规律，实施学生人才培养计划，针对学校不同阶段的学生开展不同类别的思政教育工作，计划涵盖专业领域选择、入学基础培训、研究培养计划、专业课程学习、科研技术实践、论文构思撰写、职业规划建设、升学或毕业等全领域、全流程的思想政治教育工作计划方案，着重全面覆盖无缝衔接的教育过程。要针对不同阶段进行对口的专业认知教育、入学基础教育、课程规划教育、实习实践教育、职业选择教育、升学选择或毕业求职教育等贯穿始终的思想政治教育工作，注重建设好培养目标、课程规划、育人方式、工作方法、成效检验等，并将它们进行合理串联，强化全程育人的持续性，根据本校的特色、因校制宜、因地制宜、因情施策，丰富"三全育人"的深刻内涵，建立百花齐放的思政育人模式和贯穿始终的思政育人机制，使高校思想政治教育工作得到进步与发展。

课程思政的实施需要提升全局规划能力，使育人模式具有完备性。课程思政的实施需要多部门、多系统联合协作进行，优化顶层设计，搭建起跨维度、跨门类的协同育人模式，建立课程思政培养格局。校内与校外相关单位共同规划整合潜在的育人资源，挖掘育人能力，进行统筹协调，从宏观角度把握全局，建立起理论与实践、线上与线下、校内与校外等多维度全方位的育人模式，使旧的平面化附着式的思想政治教育工作转变为新的立体化嵌入式的全新模式，更加侧重将思想政治教育工作渗透浸润到学生培养课程的各个方面，涵盖课堂、校园的各个角落，使课程思政落实到专业学习、体育活动、社会实践等各个环节，使育人效能无处不在、无时不有。

为加快构建高校思想政治工作体系，课程思政实施的现实需要应运而生。2020年5月28日，教育部印发《高等学校课程思政建设指导纲要》；2020年6月8日，教育部协同相关部门针对高校课程思政建设问题召开工作视频会议，其目的是让高校所有课程上出"思政味"，让所有教师都挑起"思政担"，探索构建全员、全过程、全方位的思政育人体系。可以说，从"思想政治工作"概念的提出，到"三全育人"理念的形成，再到"课程思政"建设的确立，正是我们党的一个持续加强高校思想政治工作的过程，是一个探索如何构建高校思想政治工作体系方法论的过程，是一个努力回答"怎么培养人"这个问题的过程。

七、构建"大思政"格局的必然选择

"大思政"育人格局是从根本上改善高校思想政治教学质量的教育模式。它同时具备人员参与的普遍性和广泛性、教学环节的连续性和教学内容的针对性和开放性等特征。"大思政"的育人格局在参加人员方面，不局限于所有思政教师，而是要求将全部的本科专业课教学老师、党政干部、学生辅助人员和所有教职工都投入思想政治教育教学的事业当中，提升自身意识，配合相关机制，由主要负责人统筹规划大思政教育模式构建，以最大限度地调动校内教职工的积极性。在教学环节中，强调大学生从入学到毕业的所有课程及各个教育教学环节都承担着育人的任务，注重各种思想政治教育教学资源的一体化。"大思政"育人格局的构建，强调所有学科课堂都是育人的主渠道，梳理每门课程的思想政治教育元素和功能融入教育教学的各个环节，使大学生受到系统化的思想政治教育。而高校课程思政育人是教育改革背景下高校推进思想政治教育发展的新理念，高校内的思想政治教师和专业课教师都要做好沟通交流，实现各位干部、辅导员与任课教师之间的良性交流，并协同做好教学方案设计。同时，课程思政根据课程特点和知识体系构成选择相应的思想政治内容，探索与课程相贴合的要素，使得思想政治教育更具说服力，对学生进行针对性的教育，构建有机配合、优势互补的育人机制，实现教师与学生的教学相长。课程思政育人不仅为形成协同育人局面提供了可行的方式方法，更为高校构建"大思政"格局提供了有利条件。

八、转变高校教师传统角色的必然要求

虽然思政教师的队伍和规模在稳步提升，但在高校思想政治工作的实际推进过程中，思政教师群体在人才结构、综合素质、选拔培训等方面还不够完善，有能力承担思想政治教育理论课的专职教师依然不足。在课程思政理念深入高校教育工作的情形下，思想政治教育不再是辅导员教师与思想政治教育理论课教师的专门教学职责，每一位在校的任课教师都要参与到思想政治教育教学中来。这对高校教师的能力提出了更高的要求，使其新时代角色的转变成为必然。高校教师的角色在新时代中发展出了新的内涵，不只是知识层面的传授，更重要的是在思想层面给予学生切实的指导，使"三全育人"中的"全员育人"落到实处。如果只专注于专业知识与科研成果的研究，忽视政治素养与综合能力的提高，那么既无法达到新时代对于高校教师的要求，也无法胜任新时代学生的教育工作。高校教师要积极主动地转变自己的角色，学习最新的理论成果、领悟最新的思想内核，承担起新时代高校教师的责任，使自己各方面的能力都更上一层楼。习近平总书记高度重视高校教师的师德，他在与北京师范大学师生代表座谈时指出，成为人民满意的好老师的要求就是有理想信念、有道德情操、有扎实学识和有仁爱之心。新时代高校课程思政的实施对于教育者来说，也是全方位提升自己的一个机会，它对教师提出了价值培育以及思想引导的更高要求，要求教师在教育岗位上不

断学习，不断提升育人的意识与育人的能力，先成为德才兼备的教师，再培养德才兼备的人才。

九、确保社会主义办学方向的客观需要

我国教育要确保社会主义的办学方向，就必须涉及高校的办学性质问题，以及高校培养人才的根本性问题。对于高校办学而言，必须坚持以马克思主义理论为主导的理论指导地位，在塑造世界观、人生观、价值观的关键期给予学生正确的指导。高校对大学生的培养成果，是直接影响社会发展情况的重要因素。大学阶段是高校学生的能力培养、价值塑造的关键阶段。高校的教育任务就是让大学生在思想政治教育中得到全面发展，而高校如何将知识和价值观传授给学生至关重要。自古以来，中国人就强调先成人，再成才，而大学生在受教育的过程中如果只接受专业知识的培训而缺乏思想政治教育引导，是不利于学生形成正确的价值观念和良好的行为习惯的。这不利于学生的发展，也不利于促进社会发展。我国是社会主义国家，共产主义是我们的终极目标，思想政治教育的目的是为全人类的解放提供价值引导。因此，要保证社会主义的办学方向，高校教育中所有课程都承担思政教育的功能是必要的，也是不容置疑的。只有这样，在马克思主义理论的指导下，保证高校在教育教学中的性质，才能够培养出肩负祖国大任的、合格的社会主义接班人。

十、完善思想政治教育课程体系的需要

思想政治课是巩固马克思主义基本观点的指导地位，培养学生树立正确的"三观"的主要课程之一。思政课程教学体系主要是"培养—教学—输出"三个环节。培养指的是典型传统的课堂教学；第二个环节是拥有丰富多样的教学方式，包括实践教学、活动教学等；最后一个环节是考试环节，是学生成绩展现、知识性成果输出的阶段。强化课程思政实施有利于健全思政课程教学体系，让其更加完善充实，主要有以下三点：

（一）课程思政的融合有利于优化思政课程教学方式

长期以来，思政课程教学方式多是传统的课堂教学，不能够很好地使学生深入实践参加社会活动，教学实践形式比较单一。然而，课程思政的到来解决了这一尴尬境地。教师们可以通过多媒体课堂展现课程思政元素，让学生们充分发挥自身特长和创造力，自由发挥，表达自己的观点。近几年来，一些发达城市的多媒体教学使用率逐渐提高，但是西部某些欠发达地区仍旧停留在传统教学方式上，

教学资源分布不均。课程思政的实施就可以让学生们离开课堂，走进"社会"，积极参与各种形式的社会实践，反过来促进学生思政课成绩的进步，让他们真正地喜欢思想政治课，真正地看到课程思政的教学成果。就目前来看，社会实践多集中在理科教学中，文科的实践课相对较少，这是因为教师没能够充分挖掘教学活动的内在联系。很多时候学生的实践时间为"啃书本"所占有，这也是课程思政融合思政课程最亟须解决的问题之一。

（二）课程思政的融合有利于完善思政课教师评价体系

教师自身的提高也是教学体系的重要组成部分。思政教师应该积极发挥主观创造性，发挥好思政课的课堂优势，把内容与课程思政相联系。学校可以积极开展教师课程思政大讨论和大评比，完善教师晋升渠道，强化教师在课程思政上所发挥的不同优势。课程思政建设渗透到教师队伍建设中，完善教职工奖励考核机制，通过绩效标准积极鼓励教职工参与课程思政，而不是充当"旁观者"。所以，在课程思政实施过程中可以不断提升教师自身的素养，创新教学方式，将教学与实践融会贯通。

（三）课程思政的融合有利于丰富各学科教学体系

课程思政的效能不能仅局限于思想政治课，所有学科教学都可以通过思政课中的课程思政元素进行交流，能够挖掘更好的、更丰富多彩的课程思政元素，供其他学科借鉴，从而完善整个课程体系。课程思政丰富教学体系还表现在能够很好地引导学生强化重点，在学习知识的同时还能培养学生的核心素养。

十一、提升高校思想政治工作质量的重要举措

高校思想政治工作归根结底还是育人的工作，高校要紧紧围绕学生主体展开各项工作，坚持以学生为本的工作基点，以人才培养质量作为衡量高校思想政治工作质量的重要指标。高校的育人目标是为国家、为党、为社会培养全面发展的人才，通过教育的手段让社会主义核心价值观走进学生头脑、走进学生心里，帮助学生成长成才，增强学生为国家建设踏实奋斗、为中华民族伟大复兴勇往直前的信心。为此，在教育过程中，抓好课程这一育人的主要阵地，将思想政治教育贯穿教育教学的全过程至关重要。

高校思想政治工作是一个系统性的整体，由不同要素或子系统构成。在这个体系中，各种要素都在不同程度地发挥着育人的功效，承担着育人的责任和使命。中华民族是一个团结向上的民族，团结协作是中国人做人做事的一项基本准则，

更是我们取得许多建设成果的重要原因。为了达到育人的最优效果，提升育人质量，推动各子系统实现协同育人目标是提升思想政治教育效果的一项重要举措。在课程协同层面，思政课程与课程思政二者有着明确的分工，共同推动着思想政治工作质量的提升。一方面，思政课程发挥着价值引领的作用，是育人的排头兵；另一方面，课程思政发挥着协同作战的作用，是育人的"好战友"。二者的协同使得高校形成全课程育人的格局，推动着育人事业的高质量发展。

十二、应对新形势下思想政治工作面临的新挑战的需要

不论是课程思政，还是思政课程，都是以马克思主义理论为指导、以社会主义核心价值体系和社会主义核心价值观为主要内容的思想政治教育，致力于提升思想政治教育的思想性、亲和力、针对性和实效性，捍卫高校的主流意识形态阵地，不断提升中国特色社会主义话语体系的影响力和感召力。

（一）从全球视野来看

社会主义主流意识形态在新形势下面临着错综复杂的风险和挑战，这些风险和挑战严重冲击着我国社会主义核心价值观的建构，为我国高校思想政治工作带来了严峻考验。长期以来，西方一些敌对势力不断对我国进行和平演变，通过思想文化渗透等方式企图分裂中国的行动从未停止。尤其近年来，在世界多极化、经济全球化和互联网飞速发展的背景下，国内外环境发生了一系列变化，西方意识形态对我国意识形态领域的渗透更加猖獗，马克思主义指导思想受到多种西方社会主义思潮的挑战、社会主义核心价值观受到市场逐利性的挑战、网络阵地受到不良舆论和思潮的侵扰等从未停止。高校思想政治教育工作要做好长期与这些敌对势力和不良舆论做斗争的准备，从国家、民族和教育发展的高度，开展协同育人工作。不论是从理论教育还是实践引导出发，都要把培养德智体美劳全面发展的社会主义建设者和接班人作为自己的首要任务，抓住课堂教学这个基础环节作为理论武装和思想引领的主渠道，在课堂上同各种错误思潮做斗争。这一任务不能只依靠思政课教师，而需要全体教师在课堂上的共同努力，全面透彻地讲好中国特色社会主义的优越性，坚定"四个自信"，做到"两个维护"，帮助学生在纷繁复杂的国际形势中明辨是非、找准定位、坚定信念、勇于承担新时代所赋予他们的使命，成长为符合新时代所需求的中国特色社会主义建设者和接班人。

（二）从中国视角来看

党的十八大以来，在以习近平同志为核心的党中央的领导下，我国取得了举

世瞩目的辉煌成绩，发生了历史性变革，取得了历史性成就。特别是经过长期努力，我国发展进入新的历史方位，中国特色社会主义进入新时代。进入新时代后，我国依然长期面临着许多挑战，如实现两个百年奋斗目标、全面建设社会主义现代化强国等，都需要比以往任何时候更多的科学技术以及高素质人才作为支撑。大学生作为国家建设和民族发展的建设者和接班人，其全面发展不仅影响着社会建设的高度，而且也影响着国家和民族的发展进程。当代大学生只有成为德才兼备、具有扎实本领的高素质人才，国家建设大业才有所依托。

因此，致力于培养德才兼备的高素质新型人才的高校思想政治教育工作尤为重要。这就要求高校从时代使命与民族复兴出发，深刻认识高校立德树人的重要使命，通过协同育人，实现知识探究、人格养成和价值引领，担负起引领大学生成人成才的重任，培养出建设社会主义现代化国家所需要的高素质人才。通过课程思政与思政课程协同育人，学生不但可以掌握本专业的知识与技能，而且可以树立正确的价值观和道德观念，成为国家的栋梁之材，为新时代的发展贡献自己的青春力量。

第二章 课程思政相关理论溯源

近几年来,学术界对高校课程思政的研究已颇具成效,总结出了一系列关于课程思政的相关理论。本章分为系统协同教育论、学生主体教育论、实践教学教育论三部分。

第一节 系统协同教育论

一、系统论原理

(一)系统论的提出与发展

系统论思想是在人们的认识过程中逐步发展起来的,其历史悠久、根底深厚。系统论作为一门科学,是由美籍奥地利人、理论生物学家贝塔朗菲创立的。在研究系统论方面,国外学者对它的研究较为丰富。例如,贝塔朗菲的著作《一般系统论:基础、发展和应用》中主要论述了系统论的三方面内容,即概念、方法及应用;美国学者杰拉尔德·温伯格著作的《系统化思维导论》也论述了系统思维的概念与类型;美国学者拉兹洛在《用系统论的观点看世界》一书中论述了关于系统论的方法论特点、系统论的自然观和关于人的系统论观点。钱学森认为,系统论是以马克思主义哲学为指导,同时也是马克思主义思想方法的具体化。钱学森构建的系统科学哲学是系统论的主体思想,从系统工程的研究中提出系统科学的概念,进而建立了系统科学体系。他在《系统思想与系统科学和系统论》的学术报告中明确了三者的概念与联系,为我国的系统科学哲学指明了方向。我国学者魏宏森在1988年的系统科学哲学谈论会上提出了"广义系统论",即"把现有的系统、控制、信息等复杂的基本理论概念、原理结合在一起的新理论,主要研究系统科学哲学问题"。

1. 关于系统的概念

系统是若干部分相互联系、相互作用而形成的整体。关于系统的定义有很多，最具代表性的包括路德维希·冯·贝塔朗菲和钱学森所给出的定义。贝塔朗菲把系统定义为"相互作用的诸要素的综合体"；钱学森认为，系统是由组成部分结合而成的、具有特定功能的有机整体。所以，构成系统的基本条件就是有两个及两个以上的元素，各元素之间相互作用，并且元素与元素之间产生功能。从系统的功能看，一个系统是一个密不可分的整体，若把系统中的要素分开，则会使系统失去原有的性质。

2. 关于系统论的概念

系统论是由系统化转化为科学从而把它上升到科学理论的形态，这是现代科学技术从生产实践与社会实践中不断发展的结果。贝塔朗菲提出了一般系统论的概念，明确了系统思想，把研究对象当作一个整体或系统来考察。系统论具有科学思想和方法论特征，主要任务就是把系统作为研究对象，研究系统整体与组成系统整体各个要素的相互关系，主要是为了解决复杂的系统关系，如社会、经济、科学、文化或思想体系等。

3. 系统论的意义

第一，使人类的思维方式发生了改变。与传统思维方式不同的是，系统思维不只是对一个因素或简单的系统进行分析，而是采用定量化、最佳化和解决多因素的动态的复杂系统，科学化地分析事物的整体性及事物之间的相互联系与相互作用。

第二，系统论反映了现代科学发展的趋势，为现代科学的发展提供了理论与方法，为各种复杂的系统提供了方法论基础。

第三，推动了系统科学的发展。系统理论的不断涌现，使得社会出现了不同的系统科学方法。系统科学的广泛应用，也为人类的不断发展提供了方法论指导。

（二）系统论的内涵与特征

1. 系统论的内涵

"系统"一词源于古希腊文，意思是指各部分组成整体，是存在相互联系或处于联系之中的各大要素的集合。作为一门科学的系统论，它的形成和发展过程是人们在不断地认识世界的过程中深化发展的结果。关于系统论的开创，学术界一般公认为是由美国的贝塔朗菲所提出的。他认为,系统是由诸多相互联系、相互作用的要素组合而成的统一体,是处在一定的相互关系中并与外部环境发生联系的各大组成要素的总和。

系统论作为一种实用性强、范围广的理论,要求我们在认识事物时,要站在宏观的立场,从系统论的视角出发,把我们所要研究的事物看作一个系统的概念,然后运用系统的指导思想及其方法对事物进行深究和探析。

2. 系统论的特征

(1)系统整体性

系统最基本、最鲜明的特征之一就是整体性。系统之所以能够成为系统,首先就是必须具有整体性的特征。系统的整体性是指系统本身是由诸多相互作用的要素共同构成的具有一定新功能的有机整体,组成系统子单元的各个要素一旦组成系统整体,就会具有独立于单个系统要素所不具有的功能和性质,由此形成一个新的系统。

系统的整体性表现出整体的性质和功能,并不是每个单独要素的性质和功能的简单机械相加,而恰恰相反,系统整体往往大于各个要素部分的性质功能的总和。

(2)系统适应性

系统处于不断的革新之中。如果对环境难以适应就会导致系统失效,经过调节重组的新系统将会补位存续。系统的适应性是指系统根据已有的或者即将面临的外在压力和环境风险不断进行调整改进,试图通过调整改进来重新规划系统发展的方向和行动,以此来减少社会方面、生态层面或者人为因素等外界变化的负面影响且保持原有状态的优势继续发展。

系统的适应性是一个发展的过程,是系统内部要素和外界环境通过主体和客体的相互作用所形成的一种平衡状态。

(3)系统层次性

系统的层次性是指,由于组成系统的诸多要素的种种差异,包括结合方式上的差异,从而使系统组织在地位与作用、结构与功能上表现出等级秩序性,形成了具有质的差异的系统等级。

系统的层次性是指系统发展的连续性和阶段性的统一。系统的层次区分是相对的,不仅是相邻层次之间会相互影响、相互制约,而且多个层次之间也发生着相互联系、相互作用。

(4)系统目的性

目的性是系统相对于环境所要达到的状态特征。目的性是系统形成发展过程中一个重要的特点。系统目的性是指系统组织在与环境的相互作用中，在一定范围内发展变化不受条件变化、途径经历的影响或者少受其影响，整个系统在发展的进程中坚持表现出某种趋向确定的状态的特性。

系统目的性也可以称为功能性，每个系统都具有特定的目的，当系统的具体目标之间有矛盾时，要从系统的目的出发进行协调。系统的运行发展也是在目的的引导下进行的。

(5)系统开放性

我们所处的世界是一个系统的世界，现实的系统都具有开放性的特点。系统的开放性是指系统具有不断与外界环境进行物质、能量、信息交换的性质和功能，系统对外部环境进行开放不仅是系统持续发展的关键前提，而且也是系统能够稳定存在的重要条件。

系统在发展中始终保持系统开放性可以从外部环境中输入有用的物质、能量和信息，也可以在更大范围内发挥系统的基本规律，如优化演化、竞争协同等，让物质、能量和信息能够最大限度地为系统服务，从而有利于系统的持续生存与稳定发展。

(三)系统论的核心思想

系统论的核心思想是系统的整体观念。整体性不仅是系统的重要特征之一，而且也是系统论的精髓所在。一方面，系统论要求我们进行研究时要将研究对象看作一个整体；另一方面，系统论也强调，任何系统都是一个有机的整体，它不是各个部分的机械组合或简单相加，系统的整体功能具有各要素在孤立状态下所没有的性质。也就是说，系统整体是由部分组成的，系统中的每个部分都具有不同的功能，当它们按照一定的结构组合在一起时，通过相互联系和相互作用又能够发挥出除自身功能以外的其他功能。但要注意，系统整体中的各个部分相互关联、不可分割，若此时部分脱离了整体而孤立存在时，便又会失去与系统其他部分组合在一起时所能发挥的整体功能。就好比汽车的方向盘，如果从汽车上脱离，那么其便不再具有控制汽车转向的作用。当系统内各个部分按照各种线性与非线性的联系互相作用、彼此协调，那么就能够展现出更大的效果，也就是我们常说的"1+1＞2"。

因此，通过系统论我们得知，凡是在世界上存在的事物，都可以将其看作一个系统，并且从不同的角度、按照不同的标准对事物进行研究的话，其又可以有多种系统解构方式。但无论以怎样的思路看待系统的组成结构，系统的整体观念都告诉我们，在各部分要素性能优良的前提下，其相互之间要具备固定的结构、形成稳定的联系，通过彼此之间的互动互补，从而实现整体的最优化。这也是我们运用系统论原理对事物开展研究的最终目的。

（四）系统论的基本规律

1. 优化演化律

我们所处的世界是一个生生不息、发展演化的世界。演化标志着事物和系统之间的运动、发展和变化过程。系统本身就处于不断变化发展、不断演化的过程之中。其中，优化问题历来是系统科学十分重视的问题，优化要通过演化得到实现，从而展现出系统的发展进化，这就是优化演化律。

系统自产生起就处在不断的进化中，这种进化就是演化规律，而优化是在演化中得到了进一步的实现。我们所说的优化其实就是指整个系统朝着更高级的阶段发展，朝着更复杂的方面发展，这也是优化发展的方向和总趋势。

2. 竞争协同律

竞争协同律也是系统论的基本规律之一。20世纪以来，随着科学的发展进步，使得人们愈发认识到协同对于整个系统发展演化优化的重要作用，认识到只有竞争和协同两者同时发力才是系统演化优化的真正动力。竞争协同指的是系统内部诸多要素之间由于系统与所处环境两者之间留存有整体同一性以及个体差异性的特性。整体同一性主要表现为协同因素，个体差异性则主要表现为竞争因素，基于此系统的演化进化有赖于竞争和协同二者的强有力推动。

此外，还有一点不容忽视，涨落是系统的固有特性，当系统处于稳定状态或者不稳定状态时，涨落都有或多或少的干扰。涨落现象在系统中普遍存在，这也能够体现出系统诸多要素之中常常处于竞争状态，当涨落受到干扰后，系统就会处于不稳定的状态下。微小的涨落在得到系统的响应后就会得以放大，系统也会快速发展到一个新的状态，这也进一步说明了在系统内部发生涨落的过程中，协同在发挥着重要的作用。

因此，我们可以概括为在系统优化演化过程中的创造性因素表现为竞争的积极作用，系统优化演化过程中目的性的因素表现为协同的积极作用，系统内诸多要素及其与外部条件环境交换的动力为竞争协同。系统能够存在的基础是涨落背后深层的系统各要素、结构部分及功能的差异性，系统的差异性能否在系统竞争碰撞中得到协同，这一点关系着系统最终的走向。

3. 信息反馈律

信息反馈律是系统理论中另一大重要的规律。在每个系统发展中都少不了信息反馈的作用。所谓信息反馈在整个系统中具有很明显的交叉作用，在系统发展的过程中通过反馈给系统中多方面主体要素众多有效的引导信息，通过信息的传递呈现来帮助系统主体要素进行正确的判断和指导决策。信息反馈在整个系统中的调控作用会直接对系统的稳定性起着重要的作用。

信息反馈有积极的、消极的、正面的、负面的。负反馈会对系统的稳定性起着增强的作用，是一种比较常见的反馈；而正反馈相对比较少见，正反馈会使整个系统远离平衡状态或者稳定状态。在一定条件下，系统内部的涨落正是通过正反馈的作用得到进一步放大的，使整个系统的稳定性受到破坏，然后重新到达一个新的稳定状态、平衡状态。通过信息正反馈、负反馈的相互转化和相互作用，在系统中抑制或者促进，保证了整个系统达到一定的稳定状态。

总之，系统论最明显的特征是具有科学的思想和方法论，系统论能够揭示系统的整体规律，在面对现代社会问题、经济问题、科技问题等时能够提供科学的理论支撑与指导。

二、系统管理理论

系统管理理论，也就是西方学者统称的最新管理理论，产生于20世纪70年代，它将管理工作看作一个完备的系统，充分运用了系统论、控制理论等，并将优化管理工作作为自己的管理目标。中国古代也有类似的理论，如"天人合一""阴阳五行"等理念，都体现着系统性和整体性的思想。系统管理理论的优势在于充分运用了整体理论观念，将组织工作中存在的问题和管理行为视作整体来开展分析研究，全局性的思考观念突破了片面思维的局限，从而能够以大局观来看待问题，既重视了组织内部问题，又兼顾着组织外部环境。

课程思政是一项贯穿教育教学全过程的长期系统工程。在这样一个系统工程中，需要多方主体和多种资源的协调配合才能促进这一工程更有效地开展。为调动各方积极性，统筹协调好各项资源和多方面的关系，共同构建课程育人体系，形成课程育人合力，高校需要立足整体和全局，始终坚持将系统论作为开展课程思政实施过程中的一大理论依据，并加强与同类院校的沟通和联系，以保证课程思政育人格局的有效构建。

三、协同教育理论

（一）协同教育理论具有普适性

协同教育理论是研究不同事物之间协同原理的一门新兴科学，梳理相关联系，挖掘其中规律，然后对症下药，依据联系规律设计相应方案，以促进目标更好发展，提高目标实现的程度。目前，协同教育理论已被应用在物理、化学、管理等多种学科教学中，且取得了良好效果，为学科教学建设提供了新的路径。可见，协同教育理论具有普适性。

高校思政课程属于学科中的一门，虽然说它具有理论性强、专业术语多等特征，但是鉴于协同教育理论的普适性，可以将协同教育理论应用到思政课教学中，为思政课建设做出贡献，提高教学效果。

（二）协同教育理论主张系统的开放性

协同教育理论以系统论为基础，主张系统之间、系统内部子系统之间、子系统内部各要素之间相互协调、相互作用，这说明协同教育理论下的系统具有开放性，不是一个封闭的系统。

高校思政课本身是一个复杂的运行系统，具有开放性，不仅涉及教学方法、教学对象、教学载体等教育活动子系统，而且还涉及组织设计、管理制度等非教育活动系统。鉴于系统理论与思政课在开放性上的一致，可以将协同教育理论应用到思政课教学中厘清教学各子系统之间及与其他相关系统之间的规律，提高教学效率。

（三）协同教育理论强调相互作用的非线性

在协同教育理论下，系统之间、系统内部的子系统之间、子系统内部各要素之间相互协调、相互作用，这种协调和作用是非线性的。系统内部复杂，各子系统之间、各要素之间的作用并不对等，而且最后产生的系统效果也不是各子系统、各要素作用的简单叠加，其实现了量变到质变的螺旋往复。

高校思政课以发展学生的思想品格为目标，包括政治、教育、心理、经济等诸多知识元素，涉及教学对象、教学方法等教学元素。每一个元素都是一个子系统，而子系统之间的非线性作用促成了思政课最后的教学效果。将协同教育理论应用到高校课程思政教学中，是调节其中的某个元素，牵一发而动全身，实现子系统之间、系统之间的全新运行过程，从而调整运行方向，提高目标的实现程度。

四、协同育人理论

协同理论是应用不同学科和系统的科学理论基础和方法论指导。在中西方相关协同论和马克思主义理论的指导下,高校思政课程与课程思政的互动具有普遍的理论和现实意义。

(一)西方协同育人理论的主要观点

现代协同理论起源于20世纪70年代,由德国物理学家哈肯创立。他认为"自然界是由许多系统协同组织起来的统一体,这许多系统就称小系统,这个统一体就是大系统"。需要强调的是,系统的总体功能不是简单地添加小系统,而是在它们之间进行交互,目的是使子系统功能化。优化其功能,一般采用"1+1 > 2"的方式,因此协同原则在不同学科和系统中得到了广泛的应用。教育是一个由许多要素组成的复杂系统,高校思政课程与课程思政协同育人教学的目的是通过不同课程子系统的相互作用,实现思想政治教育的目标,教师、学生、课程、制度和评估是与其协同能力相关的子系统。协同思政课程与课程思政建设,研究高校立德树人教育系统,就要协调思想政治教育的要素及其相互关系,协调思想政治理论课与各专业课的关系,协调理论知识与实践行动立体目标的关系,协调教育过程中重视能力和价值观的关系,协调全系统的信息交流与外部材料,让这些子系统实现从无序到有序的转换,产生所有子系统的同向、协调和优化效果,充分发挥其整体功能,最大限度地实现协同育人功能的实效性。

(二)中国协同育人思想的主要体现

虽然协同理论是一种现代西方提出的理论,但协同概念在中国由来已久,具有重要意义。一般来说,协同首先关注"人",强调要素之间的一致性,组织的系统行为是其协同互动的基础。关于协同的内涵可以从协调、同向、和谐、协作等几个方面进行理解。我国自古以来就是一个多民族国家,历史上"百家争鸣,百花齐放"的文化盛世,至今仍具有重要影响。之所以能够实现传统文化的百花齐放,就是因为各家文化同向前进、相互交融发展,在协同思想的启迪下各具特色的文化之间相互作用。中国的协同思想融入社会生活的方方面面,为协同教育系统的构建提供了内在动力和智慧方案。

高校教育中的家庭、学校和社会,形成了共同的教育体系。协同作用主要体现在高校思想政治学科和各专业课程的联合教学中。教师作为领导者,通过教学内容和方式方法使学生加入协同育人的过程中，并呈现出联合教育系统协同育人的实际效果。高校学生不仅对教师所传授的知识、技能和价值观具有主观能动性，而且是在意识和实践中加以吸收的主体，因此在协同育人过程中一定要明确学生才是根本。高校思政课程与课程思政衔接的关键两者具有一个共同的目标，在共同目标的指引下，遵循客观规律，充分发展教师和学生的主观能动性。高校要研究思政课程与课程思政协同育人，提高协同教育工作者的意识和能力，实现育人的共同教育目标，实现全体人员的目标，统筹整个过程，确保教育各环节充分发挥作用。

第二节 学生主体教育论

一、主体性概述

（一）人的主体性内涵

对于人的主体性的认识是以主体为前提的。主体与人的主体性既联系紧密，又有着不同的哲学含义，离开主体谈人的主体性容易陷入抽象的困境，离开人的主体性谈主体又会变得空洞无意义。所以，在研究人的主体性概念内涵之初，应当准确理解"主体"一词，梳理主体的哲学内涵及在当代的阐释。

1. 主体

"主体"一词源于古希腊，意思是指在底下的东西。古希腊哲学家巴门尼德最早提出"存在"的概念，他认为世间万物的中心在于存在的不变。由此，古希腊人开始转向对世界本原的探讨，世界开始成为人的认识对象或思维的客体。接着古希腊哲学家亚里士多德从本体论的角度提出"实体"这一概念，他提出"作为存在的存在"，认为主体是无限绝对的必然性存在，不仅人可以是主体，一块石头也可以是主体，在这里实体即主体，主体还并不完全指人。英国政治学家、哲学家托马斯·霍布斯从唯物主义的角度指出"物质是一切变化的主体"，这里的主体相对于变化而言，是无客体的主体。德国哲学家黑格尔则从唯心主义的角度提出了"绝对精神"的概念，他把"绝对精神"看作抽象化的主体，认为客体是由精神性的主体臆得来的。马克思则以实践的观点作为自己全部哲学的基础，他指出主体是人，客体是自然，主客体统一于现实的人的实践活动中，突破了此前唯心主义和旧唯物主义的片面性。

当代学术界逐渐达成了对于主体概念的哲学共识,即主体是与客体相对的哲学范畴,对主体的理解主要包含两点:一是广义的主体,指一个事物与其他事物在正向作用中的是主体,在逆向作用中的是客体,当一方是能动的、主动的,它对于另一方来说就是主体,而当它是受动的、被动的一方时,它对于另一方来说就是客体。人类无一例外都是生态系统的一部分,万事万物都既是主体,又是客体,人类也不例外。这也印证了人既可以是自然界的主体,也可以作为生态系统的一部分成为客体。二是狭义的主体,这里人被锁定为主体,客体随着主体活动的指向而变动,也就是说,人既可以是主体,也可以是其他主体的活动对象,即客体。但从具体的主客体关系中,我们不难发现,仅仅依据人这一固定身份来判定主客体关系的说法是狭隘的,人时时受自然、社会、他人的制约,这种客观作用的存在并不以人的意识为转移。在现实生活中,狭义的主体观念常常让人自大妄为,造成人对自身错误的认知。

2. 人的主体性

人的主体性思想在哲学史早期就已出现,但有关人的主体性一词的概念最早出现于西方近代哲学,泛指人作为主体的属性。近代唯心主义将人的主体性概括为人的主体意识,与外在的物质基础并无关联。法国著名哲学家勒内·笛卡尔以"我思故我在"的论断实现了对人的主体性的开创。在他看来,人的主体性表现为人的自我思考与怀疑,但此时人的主体性由于经验与实体的缺乏尚且单薄。德国古典哲学创始人伊曼努尔·康德认为人有欲求能力,基于理性和道德自律,人会按照自身生存的需要去行动,为自然界立法。德国古典哲学的重要代表人物、杰出的唯物主义哲学家费尔巴哈则认为人的主体性不仅在于人是作为一个思维与理性的存在,而且在于人有欲望、感受和需要。近代唯心主义确实发挥了主体能动性,但它只是抽象地发展了人的能动性,因而不可避免地走向了极端。与此同时,马克思指出:"从前的一切唯物主义(包括费尔巴哈的唯物主义)的主要缺点是,对对象、现实、感性,只是从客体的或者直观的形式去理解,而不是把它们当作感性的人的活动、当作实践去理解,不是从主体方面去理解。"单方面地将人的主体性看作感性且直观的特性,没有从主体的角度、从实践的角度考虑。

马克思回归人的主体本位,从研究现实的人的生产实践活动入手,用实践的思维方式取代直观的思维方式,将人的主体性总结为现实的人通过具体的实践活动所表现出来的特性,至此人的主体性从意识领域回到实践领域,真正找到了现实的根基。可以看到的是,人的主体性并非人的某种固定属性,而是作为主体的人经过"实践—认识—再实践—再认识"的螺旋式上升的过程,不断更新与升华自我的动态表达,是人自我发展、自我反思与自我超越的现实实践活动的产物。它既产生于人的认识与实践,也离不开人的认识与实践。诚如当代哲学家郭湛所言:"人的主体性是人作为活动主体的质的规定性,是在与客体相互作用中得到发展的人的自觉、自主、能动和创造的特性。"

(二)人的主体性特征

人的主体性是哲学研究的核心概念,其丰富多元的内涵之外还包含了人的自主性、能动性与受动性等基本特征。作为主体的人既有主动的一面,也有被动的一面,人的主体性在自主能动与受动制约中实现自我发展的动态平衡。对于人的主体性理解可以从这些特征中进行细化分析,进而更加细致、动态地把握人的主体性内涵。

1. 自由自觉性

自由自觉性是人的主体性的本质体现。马克思曾指出:"自由的有意识的活动恰恰就是人的类特性。"就是说,人的活动既是自由的,也是自觉的。人的活动是自由的,就是说,人在实践活动中居于主导地位,人的活动受自己主观意识的支配,可以在自由的活动中建立社会关系、从事生产劳动等;人的活动也是自觉的,即"世界不会满足人,人决心以自己的行动来改变世界"。

人的实践活动首先源于人自身的需求,从而自觉自愿地追求或履行某种长远的目标任务。人按照自身的意图和目的进行自觉的实践活动,内在表现为人的责任感、道德自律,外化为人的兴趣与驱动力等,最终使人成为自由自觉的存在。

2. 自主性

自主性是指行为主体按照既定的目标,管理、控制自己的行为导向目标的特性。行为"不受外来力量的操控"是自主性的前提,因而自主性意味着行为主体具有自由意志,而自我意识是自由意志的前提,自由意志的行使要受到道德的约束或影响。

自主性是人的主体性的基本特征。自主性将作为主体的人与他物进行了区分,是人在实践活动中有意识地认识与了解万物的基本表现形态,既是主体把握自身的内在尺度,也是主体发挥自觉能动性的前提条件,以达到控制和调节自我的作用、自主辨别、自主选择与自主决定等都是人的自主性的体现。人是一种有生命的感性存在物，人的自主性表现在人可以依照自己的意愿对客观事物进行自主选择，可以有所选择和取舍地对所处的客观世界进行改造。动物只是在直接的肉体需要的支配下生产，而人甚至不受肉体需要的影响也能进行生产，并且只有在不受这种需要的影响下才能进行真正的生产。

人与动物的区别之一就在于人的自主性。动物只能依据自身的基本生活需要进行活动，例如蜘蛛结网、燕子筑巢，它们无法超越本能，做出与自己生命活动不一致的举动，这与人的生产、实践活动大相径庭。人类不仅有基本的生存技能，而且也有主动追求美与道德的能力。

3. 能动性

能动性是人的主体性的鲜明表现。与动物不同，人的能动性是思维与实践的结合，从实践本体论的角度看，人在自然界中的能动性主要体现在劳动中，人通过劳动超越自己所属的种的尺度，将自己的本质力量转化为客观现实的存在。

劳动首先是人和自然之间的过程，是人以自身的活动来中介、调整和控制人和自然之间的物质变换的过程。

正是如此，劳动使人从自然界剥离开来，不可否认的是，无论是体力劳动还是脑力劳动，人在认识与改造自然时无不彰显着人在自然界中的主体性，拥有相对于对象世界的主体地位。人在社会系统中的能动性主要体现在社会交往中，社会性是人的本质属性，作为社会系统中的人依托社会力量，开展社会交往活动。在社会场域里，个体寓于群体之中，个体的主体性因与他人及社会发生关系而发挥作用。换言之，人是能动的创造物，当个体在参与或处理各种社会关系时，人的主体性得以表现并作用于一定的对象。

4. 创造性

创造性是人类最出类拔萃的技能之一，也是人的主体性的至高体现。人的创造性是对主体自身的不断丰富和完善，进而使人成为世界的主体力量。马克思在论述异化劳动时指出，正是在改造对象世界中，人才真正地证明自己是类存在物。这种生产是人的能动的类生活。通过这种生产，自然才表现为他的作品和他的现实。因此，劳动对象是人类生活的对象化。

人类通过创造性不断改造被各种条件约束的世界，将原本属于人自身的智慧、特性、才能等外化到客观对象之中，使自然界和人的精神世界成为为我的存在。

人类通过后天实践得来的科学成果、劳动成品等产物都是主体创造性的再现。借助于车轮和风车，人类在数百年前周游了整个地球；借助火箭，人类实现了进入太空、探索宇宙的梦想；借助计算机和互联网，人类创造了浩瀚缤纷的虚拟世界等。正是人的创造不断推动人类和社会的进步与革新。

5. 超越性

超越性是人对自身有限存在的突破，也是人的主体性的核心。人的超越性表明，人的存在是一种持续发生并面向未来的过程，人能够超越自身经验的有限性，也能超越外部事物，不断地改变现实世界，创造理想世界。自我超越的目的就是要促使自身的可能更加充分、完整地现实化，从而在更加真实、正确的存在的获得中恢复自我。

在社会历史进程中，人类从认识到实践、从实践到认识的过程实际就是人类自我反思、自我超越的否定之否定的发展过程。正是人一次次的超越，才加快了科技发展和社会前进的步伐。事实上，人类每一次重大的技术革命都是人对原有生存方式的超越，如火的发现、文字的发明、电力的应用、人工智能的创造等。

总之，人的主体性是能动的，在人类的实践过程中发挥着巨大的潜能。同时，人的主体性也是受动的。诚如马克思所言："人作为对象性的、感性的存在物，是一个受动的存在物；因为它感到自己是受动的，所以是一个有激情的存在物。"这意味着主体在进行选择、创造等实践活动时不能恣意妄为，往往会受到一些条件的限制，必须以一定的社会历史条件为前提，遵循事物发展的客观规律。人难免陷入被动、受动的境地，而人的受动性的重要意义在于人力求由受动转为人的能动，进而发挥人的主体作用。

二、主体教育的存在形态

我国主体教育的存在形态是建构教育主体体系必须解决的重要问题。基于深度调研与实践探索，可以发现，我国教育主体有着结构性存在、文化性存在以及实践性存在三种基本形态。

（一）教育主体的结构性存在

在教育系统的结构化形态研究方面，有学者对教育结构的主要类型、社会文化和逻辑基础及优化等问题进行了社会学分析；有学者基于县域教育变革的历程，揭示了教育现代化进程中的区域性特征；有学者从城镇化的推进角度探讨了我国农村教育的结构布局。在此主要通过对教育主体系统要素结构的剖析，揭示教育主体系统的学生个体主体、学校群体主体和区域教育功能主体三个基本层次的结构形态，简称为"三力模型"结构。

宏观层面，强调区域教育主体功能区决策力。区域教育主体功能区决策力由理念、结构、资源、制度和质量五要素组成，其实践模型的构建观照以下三个要素：一是观照地区社会、经济发展的需求和本土文化的独特性；二是观照地区社会分层对教育的多样化发展需求，考虑人口发展和教育承载力；三是观照区域内学校办学的多样性和发展的差异性。区域教育主体功能区的主体性体现在区域教育发展的主体意识和特色意识、区域教育发展的差异性和多样性、区域之间的交往合作、区域教育发展的集约性和聚合性以及区域教育发展的统筹力度。区域教育主体功能区的顶层战略设计，着力解决公平与效率、均衡与特色、本土与国际等多重关系，从而不断提升区域教育战略规划的决策力。有学者指出，区域教育改革的价值在于改革实践符合国情、符合区域特点，具有现实针对性和操作实效性，是"引领教育未来发展的最重要、最有效的形式"。

中观层面，强调学校群体主体的领导力。学校群体主体的领导力是指根据学校办学定位和培养目标，调动教育资源进行学校改革与创新，提升学校品质的能力。坚持学校正确的办学思路及保证培养人才的高质量，在"适应、冲突、互动"三种关系中对学校与地区经济、社会、文化发展需求之间的依附性与主动性关系的处理，更需要学校群体发挥主体性。

微观层面，强调学生个体主体的学习力。学习力是学生的生长力，由三个层次六个要素组成。该模型诠释了人的学习与发展的内在机制和成长规律，展现了学生主体性的提升和差异性存在。个体主体性的建构必须保持社会化与个性化的必要张力。

教育主体多元多层次模型是一个具有战略性的复杂结构系统，统筹了教育与社会经济和文化的有机结合，体现了个体主体、群体主体和类主体的整合，体现了教育体制层次结构和学校、家庭、社会三位一体多元的整合。各级教育行政部门主动作为、共同担当，在实践中形成了区域主体功能区战略策划及学校改革实施两个层面推进的格局。

（二）教育主体的文化性存在

从文化角度来看，人之为人的基本规定在于人是文化的存在。主体教育彰显了人类文化的创造性价值，实现了多元主体的价值选择和价值引领，推进了个体与群体的人格陶冶，成就了中华儿女的精神家园。教育主体的文化性存在表现为整体文化的转型和教育文化的重塑，呈现出全面性和多样性特征。

1. 传承中华优秀传统文化

在马克思主义指导下，以时代精神激活中华优秀传统文化的生命力，推进中华优秀传统文化的创造性转化和创新性发展，使中华民族最基本的文化基因与当代文化相适应、与现代社会相协调，把跨越时空、超越国界、富有永恒魅力、具有当代价值的文化精神弘扬起来。

激发中华优秀传统文化中最深邃的关于人的学说，关键是传承的内容和形式问题：把握中华优秀传统文化的精髓，张扬群体本位和自立、自强、厚德载物的进取精神，尊崇"天人合一"的自然观以及诚实守信、克勤克俭的行为准则；形式上不仅限于技艺，更应达于道，从诗情画意的独特表达演绎出生命的思考和体验。

2. 培育地域文化和乡土文化

经过历史积淀形成的地域文化和乡土文化，在陶冶生活情趣、启发艺术潜能、传承文化品格中有着不可替代的作用。

3. 提升个体与群体的自在文化

学校是一种文化存在，学校教育是文化认同、文化提炼和文化创造的过程。通过多样化的学校文化形态提炼学校办学特色，建设学校和谐的文化生态，进而探讨课程文化的"理解与交流、实践与创造、批判性思考和审美体验"内涵，揭示了课程文化的审美性存在。学校应引导学生学习和了解自己民族的历史传统和艺术，积极参加各种文化活动，尊重不同文化的差异性，提升文化选择、分析批判和文化创生的能力。倡导人类共同体主体，关注主体间的跨文化关系，关注主体个性和现实性的同时更关注行为主体的权利和责任，是有待进一步研究的重要问题。

（三）教育主体的实践性存在

教育主体的实践性存在表现为教育主体在实践中生成，在实践中发展，在实践中表现。我国学者较早进行了实践活动与学生发展的研究，并开发了学校的活动课程。

作为一种改造主客观世界的活动，实践凸显了人类生活的"主体性"，也构成了人类生活的"类特性"。实践是推动人类文明不断进化、不断提升的根本动力。

主体教育着眼于人的生命活动和人的生存方式，构建了学校三种基本类型的实践活动：一是解决人与自然关系的认识活动，指向科学文化；二是解决人与社会关系的交往活动，即互为主客体、互为目的的价值性活动，指向交往文化；三是解决人与自身关系的艺术活动，展现的是符号与生命的统一，指向艺术文化。批判性与建构性是变革性实践的特质，通过实践活动揭示学生主体性发展的规律，通过个体与群体活动的结合，探索群体性实践活动提升学生社会适应性的路径。

三、学生主体教育理论

20世纪80年代以来，我国教育领域逐渐对"学生是教育的主体"这一命题产生了浓厚兴趣，并逐渐从认识论发展到本体论，最终形成了具有一派教育思想和主张的教育思潮。这一教育思想被人们称之为"主体教育思想"或"主体教育理论"。

主体教育强调教师要尊重学生的主体地位，让学生变被动接受学习为主动自主学习，增强学生在学习中的参与感、体验感以及获得感，因此，教师应尊重学生的主体地位、增强学生的主体意识、充分发挥学生的主体性。

我们可以将主体性教育的目的概括为：第一，增强学生的主体意识；第二，发展学生的主体能力；第三，塑造学生的主体人格。因此，教师在而后的教育教学实践中，不仅应学会尊重学生的主体地位，而且也应学会合理分配自己的时间与精力。在培养学生成为自己学习的主人的同时，教师也能在这个过程中逐渐成为自身专业成长的主人，在不断接受新的专业知识、专业思想、教学观念的过程中不迷失自我，而是更能接纳自我，最后成就自我。

第三节 实践教学教育论

实践教学有着丰富的理论来源，这些国内外的理论为实践教学方法的应用提供了相应的理论支撑，由此可知，实践教学的开展离不开理论的指导作用。

一、中国古代的知行观

思想政治课追求"知行合一"，自古以来，历史上许多学者就对知行关系提出了自己的见解。基于中国古代知行观，孔子、朱熹和王阳明等人都纷纷提出了对"行"的重视。儒家学派创始人孔子曾提出"学而知之""知先后行"。孔子非常注重"行"，他主张将所学书本知识运用到日常中，反对培养一味只会背书的书呆子。程朱理学的代表人物朱熹提出"论先后，知为先；论轻重，行为重"。王阳明"致良知"、王夫之"行可兼知""行先知后"等思想相继出现。上述所提到的我国古代知行观虽然发展还不够成熟，但对知行关系的论述，说明了从古代到今天，将教育教学的理论和实践统一起来至关重要。"知行合一"是思想政治课的价值归宿，不仅需要构建理论知识体系，更要注重对学生行为的规范和指导，引导学生运用辩证的、唯物的观点分析问题和解决问题。

二、认知主义教学理论

从教育方法上来看，作为认知主义教学理论的代表人物，杰罗姆·布鲁纳提出了"发现法"。他强调过程的重要性，注重教师的引导作用，而不是简单的知识灌输，主张学习者运用已有的认知结构积极主动参与到知识获取的过程中。教师要创造教学环境，以激发学生的学习动力，培养他们的智能。与行为学习理论提出的强化条件下的"刺激—反应"的学习过程不一样，认知心理学家更偏向于理解学习者的内在思维过程。

在实践教学中，在教师的引导下，学生通过观察、倾听和思考，获得新的知识。而实践教学方式正是在教师理论教学完备的基础上，通过生生互动、小组讨论、举办主题性的比赛，或通过深入社会生活，引导学生亲身感受、主动探索从而获得相关知识的。因而，认知主义教学理论也是支撑实践教学的理论之一。

三、社会学习德育理论

社会学习德育理论主要有两方面的意义：一是提出了人的行为靠个体和环境共同作用，可以通过观察、体验、实践等途径影响人的道德行为；二是强调模范榜样对人的社会化的重要作用，可以通过各种强化手段对道德行为产生积极干预。因此，在思想政治课实践教学过程中，要最大限度地发挥道德发展的内在作用机制，并通过特定的环境引导学生将所学的道德认识身体力行，在实践中提高道德素养，并通过榜样形象的展示，让学生在观察、模仿和耳濡目染中向其学习。

榜样不只局限于教师、家长和周围同龄群体，还有文字、影音、环境等媒介的强化作用。无论是直接媒介还是间接媒介，都要有积极正向的影响，让学生在实践中自然而然地对个体行为进行矫正，强化自身的道德行为。这表明，实践教学的思想和社会学习德育理论有共同之处。

四、马克思主义实践论

马克思主义完整的科学理论体系是建立在哲学理论基础上的，而马克思主义的哲学理论则是在实践论的基础上发展起来的。马克思主义实践论区别于"抽象思维"的唯心主义和"直观思维"的旧唯物主义。马克思认为，实践是一切事物和现实的基础。从发生机制来看，教育实践是人类实践的一种特殊方式。教育实践作为独特的实践活动，脱离了生活实践，具有实践的共同属性。

由此可见，课程思政是以课程思政实践活动为直接现实基础的。从马克思实践论出发，课程思政作为一项意识形态的教化工作，应坚持实践的教育本位。课程思政的理念、实施原则、方法、内容是否正确，课程思政是否真正取得实效，都需要在实践中加以检验。因此，以马克思主义实践论作为课程思政实效性的理论基础，有助于发现课程思政工作开展过程中出现的问题，以期提高课程思政的实效性。

第三章 高校课程思政的实施成效

当下,高校对课程思政育人的重视程度明显提高,各大高校也纷纷将课程思政理念渗透到各大专业课程的教学实践中来,初步形成了当下的课程思政育人基本格局。部分高校在发展的过程中,通过不断改革使得高校思政课程不再像一座孤岛,初步实现了思想政治理论课、综合素养课、专业教育课三位一体的格局;高校课程思政育人的效果也初步显现,立德树人目标日渐明确,为中国特色社会主义事业的建设提供了强有力的人才保障。本章分为高校课程思政实施取得的成效和高校课程思政实施的基本经验两部分。

第一节 高校课程思政实施取得的成效

一、教师课程思政意识初步形成

从心理学的角度讲,能力是个人完成活动的心理特征。它以活动为载体,并通过活动表现出来。因此,一位教师的教学能力,与其教学发展过程中的具体表现息息相关。经过课程思政的实施,高校专业课教师在实施中的整体素养都有所提高,主要在表现以下三个方面:

首先,课程思政内容拓展能力的提高。在高校传统教学之中,师生之间的交往都是简单的课程专业知识传授。但是,随着时代的变化发展,课堂教学中仅讲述专业知识已经不能满足学生的需要,因此,教师在教学过程中不仅仅要学习与专业相关的知识,还要学习存在于内容之外的拓展知识。而专业课课程思政的发展,不仅要求教师的专业知识牢固,更是要求教师能够将思想政治教育内容融入专业课之中。所以,教师在教学内容方面的拓展能力,是实现课堂教学效果的保障。目前,在课程思政实施的过程中,部分教师已经能够在专业课程中积极主动地挖掘和利用专业课内容中与思想政治教育的相关内容,能够了解知识背后所蕴含的思政元素。

其次，课程思政的课堂教学能力的提高。"亲其师，信其道"，这说明教师个人的政治素养和道德水平对学生的影响意义深远。建构主义理论认为"学习是一个自我调节的行为，不是刺激—反应现象"。中国农业大学与人民网全国高校"数字马院"联盟共同围绕"将伟大建党精神融入思政课教学"主题，开展线上虚拟教研室进行集体备课。重庆大学依托重庆红色资源，将红岩精神纳入思政课教育教学体系中，着力打造思政"金课"。南京审计大学公共管理学院金晶教授的"城市管理学"课程是该校第二批"课程思政"立项项目，获得南京审计大学"课程思政示范课"一等奖、"教学大纲课程思政改造成果评比"一等奖。微课"什么是城市"获得江苏省微课大赛二等奖，并收录在新华网新华思政中。

最后，课程思政师生互动能力的提高。课程教学中的师生互动主要以两种形表现出来，一是课堂教学的互动，二是在生活中的人际交流互动。课程思政师生互动能力在课程思政教学中具有重要影响，所以，高校课程教学中，教师课程思政师生互动能力的提高，更有利于课程思政的实施。

二、高校各学科专业课程思政全面铺开

无论什么样的课程改革有了一定的理论基础就要将其运用到实践中去，如果不能在实践中体现出理论，那这种教学渠道便是无效的、死板的。对高校思想政治教育来讲，课程思政是需要运用到实践中才能发挥其作用的理念。

为了使课程思政理论教育对新时代大学生不造成抽象化、概念化和知识化的禁锢及影响，专业课融入思政元素的成果应该实践到课堂教学之中，自觉接受课堂教学和学生的检验，以此来增强思想政治教育对大学生的影响力和感染力，塑造大学生正确的世界观、人生观和价值观。

经过各高校对课程思政实践案例的不断探索，专业课课程思政也得到了越来越深入的发展，这主要体现在，学者们在选编专业课课程思政案例的基础上，将相同学科或专业的案例进行合辑，更深入地对专业课程进行研究和实践，在文、经、教、理、农、医、艺等七大类专业中都有相应的学科课程思政实践案例。

《高等学校课程思政建设指导纲要》发布后，大量专业课程思政实践案例成果涌现，在一定程度上也展现了专业课程思政的深入发展和进一步的探索。例如，2021年，在华东师范大学外语学院严文庆副教授出版的《大学英语课程思政教学指南》一书中，阐述了在课程思政引领下的大学英语教学体系综合改革成果，包括立德树人的育人总要求，能力导向的教学目标体系，应用导向的

教学理念，翻转的课堂教学模式，线上线下混合的教学手段，标准驱动、多模块的课程体系等多方面内容，为高校课程思政整体的教学实践提供了一定的借鉴意义。

因此，专业课实施课程思政建设过程中包括文章以及著作的研究成果，都是使思想政治教育贯穿整个专业课的重要一步，也正是这些研究成果的涌现，让专业课程思政有了更深入的发展，挖掘了更多的教育价值，进而落实了立德树人的根本任务。

三、高校课程思政育人受到高度重视

（一）相关政策文件的陆续出台

在课程思政与思政课程协同育人的理念被提出之前，就存在"学科德育"的理念。"学科德育"与"课程思政"有异曲同工之处。1995年颁布的《中国普通高等学校德育大纲》中强调："要发挥各科教学中的德育功能，结合教学相关内容和各个环节，有机地对学生实施德育。"《国家中长期教育改革和发展规划纲要（2010—2020年）》中指出："要把德育渗透到教学的各个环节，增强德育工作的针对性和实效性"，明确了以"德育为先"的战略主题。由此可见，党中央一直高度重视高校思想政治教育工作，在多年的实践探索中，党中央和高校也越来越意识到充分发挥和挖掘各门课程所蕴含的育人功能以及调动各任课教师积极性和主动性的重要性。尤其自党的十八大以来，党中央、国务院、教育部等都出台了多部政策文件，对课程思政与思政课程协同育人提出了要求，为更好开展思想政治教育工作提供了工作准则。

2017年，《关于加强和改进新形势下高校思想政治工作的意见》中对充分挖掘各学科中的思想政治教育资源做出了明确规定。同年，中共中央办公厅、国务院办公厅印发《关于深化教育体制机制改革的意见》，对构建"三全育人"体制机制做出了具体规划。同年12月，教育部发布《高校思想政治工作质量提升工程实施纲要》，为高校课程思政与思政课程协同育人指明了方向和着力点。2020年，教育部专门针对课程思政印发《高等学校课程思政建设指导纲要》，多角度、多领域、多途径地为课程思政与思政课程的协同发展谋篇布局。2021年9月，在《关于加强新时代马克思主义学院建设的意见》中再次强调要"实现课程思政与思政课程同向同行、日常思政工作与思政课程同频共振"。一系列会议的召开和文件的发布，促使高校课程思政与思政课程协同育人的建设不断向前发展，同时也为协同育人的发展注入了新的生机。

（二）相关研讨交流会的多次召开

2017年6月22日，教育部在上海召开2017年高校思想政治理论课教学质量年上海调研会暨高校"课程思政"现场推进会，现场观摩上海高校开展课程思政的教学情况，实地调研复旦大学马克思主义学院的建设情况，深入交流上海课程思政改革的经验做法和各地开展思政课教学质量年专项工作的重点举措。2019年11月30日，"课程思政：理论探索与实践经验"的专题研讨会在华东师范大学召开。2021年3月23日，"课程思政与师德师风建设研讨会"在上海举办。2021年4月16日，"外语教育中的课程思政"高端论坛在浙江嘉兴举办。2021年6月8日，由山东省教育厅高等教育处指导、齐鲁工业大学（山东省科学院）、山东省高等学校课程思政研究中心与东西部高校课程共享联盟主办的"高等学校思政课程与课程思政建设交流研讨会"在济南长清大学城召开，与会专家学者围绕推动思政课程与课程思政有机融合和加强思想政治教育等问题进行了学术研究交流和实践经验分享。2021年6月10日，教育部在井冈山大学召开课程思政建设工作推进会，指出"课程思政与思政课程同向同行、协同育人的合力正在形成，育人成效初步显现"。2021年10月30日，上海市外国文学学会举办"外国文学与课程思政"学术研讨会。

这些研讨交流会的主题紧紧围绕"课程思政"的建设、推进"课程思政与思政课程协同育人"的相关理论与实践问题展开讨论，为"课程思政"及两者的协同育人发展提供了重要的推动力。此外，各高校与地区探索的有益经验也被相继报道，学术界以及专家学者也在密切关注其发展动态，相关理论与实践探索都在进一步发展与完善之中。

四、高校课程思政育人格局初步形成

促进高校课程思政育人格局的形成是全面提高高校人才培养质量的关键，不仅在客观上为国内高校明确立德树人的人才培养方向提供了支持，而且也和思政课程一道，成为我国高校思想政治教育的车之双轮，为当代大学生思想素质水平的稳步提升提供了巨大的支持。随着党中央对高校课程思政育人工作的重视，高校课程思政育人格局初步形成。当前高校通过明确立德树人的人才培养方向、协调课程思政和思政理论课的携手同行、提升思政元素融入各种专业学科的水平三个方面，推动高校课程思政育人格局的形成。

五、高校课程思政育人实践已经开展

为了各类课程的协同发展,各高校纷纷开展课程思政实践。在课堂教学主渠道的实践中,很多高校升级专业课内容,结合社会主义核心价值观、中国精神、文化传承、专业伦理等思政元素,潜移默化地将德育融入课程内容,结合显性教育与隐性教育。传统的思政课程以知识的获取为教育成果,忽视了学生接受与理解的过程,容易导致学生理性思维与感性思维发展的不平衡。而课程思政育人除了知识,还将道德的培养、素质的提高作为学习成长的目标,鼓励学生勇敢表达,充分激发学生的踊跃性与创造性,育人效果显著提高。有的高校在常规的教学任务中安排了讨论课时与实践课时,在一个规定课题下让学生自己查找资料、随堂讨论、教师讲评,使师生站在平等的位置展开对话。还有的高校进行"翻转课堂"的尝试,使学生成为课堂的主人,围绕社会热点问题表达自己的看法进行头脑风暴,使教师充分了解学生当前的思想动态。师生之间打破了"教与学"的单向关系,教师在不断充实和丰富自己,学生也逐渐化被动为主动,二者共同学习与进步,形成了良好的双向关系,推动了课程思政实践,提供了课程思政的内生动力。

六、高校课程思政育人效果初步显现

高校课程思政育人取得的效果一直是高校课程思政育人工作中比较受关注的方面,是能够直接反映课程思政育人质量的关键所在。所谓效果,就是发挥某种功效造成的结果。课程思政育人的效果,即在最短的单位时间内完成本课程的教学目标。高校课程思政育人就是在立德树人根本任务和人才培养目标的引导下,通过思政元素和专业课程相结合,充分利用教育的各个要素、主体和渠道来达到最优的效果,使课程思政育人的实际成果与立德树人任务相统一。

七、高校课程思政教学方法日益丰富

"给课程铸魂"即遵循人才成长和思政教育规律,将课程中的思政教育元素挖掘出来,实现立德树人,这是课程思政最基本的要求。

梳理各高校将思政元素融入专业课堂中去的经验和方法,笔者总结出大致有以下五种课程思政教学模式:

(一)"案例+互动"教学的课程设计

案例教学法中,教学教材就是案例,教师指导和鼓励学生进行独立思考以达到教学目的。案例教学法是指围绕课程目标,根据所选的案例材料,引导学生对此进行分析、研究以及判断，从而提高学生的学习能力。

某高校在宏观经济学的"GDP是万能的吗"一课中，以"案例教学+互动教学"的形式设计了以下融入思政元素的"课程思政"课堂。该课堂从思政元素融入内容、教学目标、案例要点、教学组织形式以及总结等五个方面进行设计实施，完成了这一堂课。该课程主要是从马克思主义基本原理出发，通过本案例的讲解让学生理解和掌握国内生产总值的概念、常用方法及其局限性。在能力层面让学生能够从马克思主义原理方法论的角度思考问题，形成系统思维能力和判断实践能力。

（二）"互动+情境"教学的课程设计

互动式教学就是通过营造多边互动的教学环境，在教学双方平等交流探讨的过程中，达到不同观点的碰撞交融，进而激发教学双方的主动性和探索性，达成提高教学效果的一种教学方式。这种方法主题明确，条理清楚，探讨深入，能充分调动学员的积极性、创造性。

某高校在艺术学院的"声乐"专业课程中融入思政元素，设计了"课程思政"案例，主要以歌曲《爱的长城》为例，采用"课堂互动+情境教学"的教学模式，从教学目标、教学重难点、教学内容、教学成果与教学反思等五个方面着手，希望学生能够了解歌曲的创作背景，并且能够掌握演唱歌曲的基本方法。

（三）"讲授+互动"教学的课程设计

讲授法是教师以口头语言为主向学生描绘情境、叙述事实、解释概念、论证原理和阐明规律的教学方法。现在课堂的教学方式大多以讲授法为主，其他方式为辅。

某高校在设计以中医基础理论为示范课程的"课程思政"教学设计时，采用了"讲授法+互动教学法"的方式。在课程讲授中，将中华传统文化带入课堂之中，根据课程知识内容，让学生充分理解关于整体性、恒动性以及系统性在中医基础理论中的作用。在分析了学生的认知特点、起点水平、情感态度后，采取积极的互动策略。一是针对学习态度消极的学生，采取经常提问同一人，使其由被动学习转为主动互动学习的状态，从而侧面督促同一群体，使其转变学习态度；二是面对思维不太活跃的学生，帮助其寻找恰当的学习方法，使其能加入活跃的讨论群体中，激发出学习的闪光点；三是对于学习态度认真、思维活跃、成绩优异的学生，不断抛出橄榄枝，使其在同学们的中医思维碰撞中发挥引领作用。

(四)"实践+情境"教学的课程设计

实践教学法是通过社会实践对人进行教育的方法。让学生在参加实践活动的过程中,提高自己的思想觉悟水平和认识能力。一般来说,户外体育课和人文课更适合采用实践教育,让学生以亲身参与的形式去感悟课程,理解课程要传达的意义。

某高校在"大学人文基础"课的"课程思政"设计中,以"实践+情境教学"的形式展现,这样能让学生实际体验课程情感,从而内化于心。该课程主要以戏剧、配音等主题活动方式,将哲学、历史、文学等经典著作中的内容演绎出来,展现学生校园精神生活,加强校园文化建设,营造文化艺术氛围,培养学生的文化素养与人文情怀,有利于学生全面发展和自身素质的提升,充分展示了学生人文素养教育和课程思政教育的成果。

(五)混合式教学的课程设计

混合式教学,即将在线教学和传统教学的优势结合起来的一种"线上"+"线下"的教学方式。通过两种教学组织形式的有机结合,可以把学习者的学习由浅到深地引向深度学习。某高校在"行政处罚——行政处罚的适用"一课中,就以混合式教学方式进行授课,主要从教学目标、教学难点、教学方式、预期学习成果、教学内容、教学反思等六方面内容进行设计。线上通过慕课、微视频的方式进行讲解,线下主要是判例研读、学生的学习报告、会议等成果检验,通过线上线下相结合的方式让学生掌握行政处罚适用的相关概念以及与概念对应的制度体系,通过与学生互动的方式让学生明白守法的重要性。

总之,在课堂中将多种教学方法融合使用,将思政元素潜移默化地加入其中,进而激发学生课堂学习的积极性,在课堂上接收和学习有关思想政治教育的内容,这样的融合教学,更有利于培养大学生的全面发展。

第二节 高校课程思政实施的基本经验

经过课程思政的不断研究和发展,不仅在理论层面取得了一定的成果,在实践方面也同样取得了进展。通过对高校课程思政实施过程中的教学案例展开分析和研究,总结出在课程思政实施过程中要遵循教学原则、注重策略应用、强化对教师要求等基本经验。

一、高校课程思政实施应遵循的基本教学原则

（一）要把握教学最优化原则

教学最优化原则是指在教学过程中对能够对教学效果起制约作用的各因素实行综合控制，进而取得最优化的教学效果。在教学中，要把教学目标、教学内容、教学方法、教学秩序、教学环境、教学评价等因素进行合理配置，综合运用到教学实践的整体结构之中，才能使教学取得最优化的整体效果，进而推动整个教学过程的良性发展。在教学中，要发挥课堂育人的效果，就要牢牢抓住课堂在育人过程中的主渠道作用。高校课程思政在初步探索中以试点课程的形式展开实施，遴选了一部分示范课程率先进行课程思政探索，既保证了教学任务的整体进度不受影响，又实现了课程思政的最优化建设。在课程思政试点示范课程的开展中，在课程基础上开展思想政治教育，是在尊重原有教学体系的基础上找到能够与专业课程教学相融合的教学观点，将思想政治教育理念贯穿在教学全过程中。从开始的单一课程到多门专业课程形成课程群式的课程思政实施，已经在最优教学方法之下逐渐架构了全面的、立体的课程思政，能够与思想政治教育理论课协同发展，发挥全面思政教育的作用。

（二）要坚持教学整体性原则

教学整体性原则是指在教学活动中把各个教学对象看作由各个要素构成的有机整体，以整体来进行教学研究。不破坏原有教学体系建设，是实施课程思政建设的重要前提，让专业课学科的特点与思想政治教育结合起来。在教学中既要保证学生对专业课知识的学习进度，又要在思政元素的融入中引导学生，激励学生刻苦钻研、潜心学习。在保证教学体系完整性的前提下，与思政元素进行课堂融合，能够形成课程、专业、学科之间的相互协同育人，实现知识、能力、价值三者的统一，从而促进课程思政的建设发展。

（三）要坚持显性教育与隐性教育相结合的原则

在思想政治教育过程中，思政课程、思政教师、辅导员对学生之德育，被称为显性教育；专业课程教育、综合素质课程教育中的德育被称为隐性教育。课程思政的有效实施，需要在建设过程中完善课程体系，打通各类课程之间的价值壁垒，相互配合，并要根据具体内容，结合实际情况展开实践探索。教师不仅要将显性教育做得好，而且还要把隐性教育做得更深入，发挥好蕴藏在其他课程中的隐性教育作用。

二、高校课程思政实施应注重策略运用

（一）注重榜样示范作用的策略运用

每一个专业发展至今，都有无数的实践先驱者，不论是在理论上还是实践上，我们都是站在巨人的肩膀上前进发展。无数前辈的失败与挫折的经历，也将是我们在发展过程中需要面对的困难。每个专业的先辈楷模，都是对学生进行思政教育、价值引领的最好示范。因此，在课程思政的实施中，通过先辈楷模的光辉事迹来彰显其专业的时代价值作用，可以更好地对学生进行专业教育，让专业知识发挥育人功能，让专业信念深入人心。

（二）注重时事政治的策略运用

随着互联网技术的不断发展，网络信息的发展有实效性强、传播速度快的特点。现在高校大学生都是"00后"的"网生代"大学生，他们成长在信息技术迅速发展的时代，乐于接受新鲜事物，对于社会热点关注频繁，更愿意发表自己在推进社会发展方面的观点和建议。教师在进行课堂教学时要更关注学生的成长环境和特点，抓住学生的学习兴趣。在专业设置上，要将国家的发展情况与课程内容进行联系，让学生真正地了解专业课与民生息息相关的部分，引导学生正确认识和对待世界和国家的发展趋势，正确认识肩负的民族责任和历史使命，脚踏实地、实事求是，最终实现将个人理想追求融入党和国家的国家的伟大事业之中。

三、高校课程思政实施要强化对教师的评价要求

教师承担着传播知识、传播真理的历史使命，肩负着教书育人的重任。教师是教育教学的主体，是课堂教学的主导者，是建设课程思政的关键力量。教师要在课堂教学中充分发挥主观能动性，在教学设计、教学方式等方面根据学生的实际情况来实施。因此，课程思政强化对教师的评价要求，是能够保证课程思政顺利实施的重要一环。

（一）教师要有坚定的理想信念

古人云，"亲其师，信其行。"如果学生对教师是热爱的，那么对教师的行为也会是非常信任的。因此，在课程思政实施过程中，教师的信念对学生的影响非常重大。教师是否相信并践行课程思政理念，是否相信其中的价值意蕴，是否坚持立德树人的根本任务，都会对学生的价值观念、思想行为产生直接影响，对学生的发展有着重要的示范引导作用。在课程思政实施的过程中，在教师理想信

念方面进行引领和培养，让教师能够在建设中发挥引导作用。

（二）教师要对思政原理领悟准确

思想政治教育不是"填鸭式"的僵硬灌输课程，而是有一定的原理和方法。教师在课程思政的实施过程中领悟思想政治原理，能够意识到自身的思想政治素养对学生进行思想政治教育的重要程度，对日后展开教学有很大的帮助。在时事政治中也要时刻把握住变化，能够积极回应学生对社会热点问题的疑问，从而提高学生对事件的分析能力和正确的价值观的养成。

（三）教师要对专业课程进行深入理解

对专业课知识了然于心，是做一个合格教师的前提。精彩的课程思政课堂一定是在教师完全深入理解专业知识体系的基础上完成的。在专业课上学习和掌握马克思主义的基本观点和方法，在把握专业知识结构的过程中从最合适的角度切入，将思政元素融入课堂中去，自觉地在学科教学中将思政元素与学科知识结合起来，完成对学生思想政治教育的渗透和价值引领，将专业知识和思政元素融为一体，更有利于提高思想政治教育的效果。

第四章 高校课程思政的实施困境

课程育人是一项较为基础、系统的工程，课程思政建设的目的是与思政课程实现有机协同，共同完成立德树人的根本任务。当前，课程思政实施面临着课程思政教学问题、课程思政育人问题、课程资源开发问题等困境。本章分为高校课程思政实施的时代特征和高校课程思政实施存在的问题两部分。

第一节 高校课程思政实施的时代特征

一、百年变局中的世界形势

（一）经济全球化深入发展

1. 经济全球化的内涵

当前世界各国对经济全球化的研究众多，尤其是西方国家的研究可以追溯到15世纪，而对于经济全球化的内涵，学界各方多以经济全球化所引起的现象来对其进行界定，所以在对其概念的阐述上学界可谓众说纷纭。美国著名经济学家莱维在《谈市场的全球化》一文中首次给出了"全球化"的概念，此后，学术界对"经济全球化"展开了广泛的研究与探讨。1997年，国际货币基金组织定义"经济全球化"为各国商品和服务贸易的流通，以及先进的科学技术的广泛传播，从而加强了世界各国的经济联系，使各国经济互联程度提高。从上述定义中，可从三个角度理解经济全球化：首先，经济全球化密切了世界各国的经济联系；其次，经济全球化的发展也在不断辐射影响着世界各国的经济规则；最后，经济全球化以经济影响力为核心深刻影响着国际社会政治格局，以及科技、文化在全球范围内的扩张和传播。

总的来讲，经济全球化是在资本主义社会生产力发展的需求驱动下，以市场经济为基础，以先进生产力为辅助，由发达资本主义国家主导，从而实现生产要素在全球范围内合理配置的过程。从根源上，经济全球化是人类社会生产力水平提高的产物，它的出现打破了生产要素流动的区域性限制，促进了国际市场的分工与合作，向全球传播了先进的生产技术，是人类社会发展进步的表现与必然结果。但同时，经济全球化也会将其本身所带有的资本主义基本矛盾扩散至全球，比如为了追求经济利益的最大化而产生的剥削现象。所以，经济全球化的存在既饱含机遇，又暗藏挑战。尤其对于广大经济实力较弱、基础设施欠缺、生产力水平落后的发展中国家来说，其所面临的风险和挑战将更加严峻。因此，为了保证全球性竞争的公平性和有效性，在当前的经济全球化发展过程中需要建立一个更加科学、更加公平的国际经济新秩序。

2. 经济全球化的影响

第一，影响了全球的经济、政治格局。经济全球化给全球带来的影响具有两面性。从积极的方面来说，经济全球化的出现促进了全球生产要素的合理配置，加速了世界经济增长，推动了人类社会生产力水平的极大提高，为部分国家发展提供了难得的历史机遇。但其消极的一面也非常明显，出于资本主义社会的逐利性特征，经济全球化也加剧了国际竞争，增加了国际金融风险。且由于世界各国自身资源禀赋、生产力发展水平存在不同，使得发达国家在经济全球化过程中往往能够占据更多优势，获取更多利益。具体来说，发达国家所拥有的原始资本、生产力水平、科学技术、知识型人才在全球分工系统中均处于上乘。发达国家正是借助这些优势，大力扶植和发展能耗低、收益高的高新技术产业，同时将环境污染较重的传统工业向其他发展中国家转移。此外，跨国公司的出现为全球范围内生产要素的有效配置提供了实际载体，极大地影响了全球经济局面。而在全球跨国公司中，来自发达国家的跨国公司就约占总量的95%。发达国家利用这一优势，借助跨国公司的扩张实现在全球范围内的兼并、扩张以进一步发展其高发达、高集约的国家经济，从而进一步稳固其产品的竞争力。在这个过程中，发达国家和跨国公司利用已有优势对世界经济施以较大影响，这些都对发展中国家的主权、国内产业、国内市场造成了冲击，继而进一步拉大了发达国家和发展中国家的贫富差距，甚至导致一些国家和地区逐渐被"边缘化"，难以共享经济全球化带来的福利。20世纪90年代以来，以信息技术革命为中心的高新技术产业的跳跃式发展，更加催化了上述情况的形成。

第二，为中国带来了机遇。从中国的角度来看，经济全球化带给中国的除上述宏观影响以外，还给中国带来了更多的机遇。其主要表现在以下几个方面：首先，有效引入和运用了国际社会的资本和先进管理经验，并在此基础上实现了创新。根据相关数据表明，20世纪80年代初，国际市场向中国的直接投资额度约为11.7亿美元，且在此后不断上涨，尤其在20世纪90年代国际投资数额呈跳跃式增长。从近年的发展形势来看，单2019年我国引入国际社会资金投入额已达1400亿美元，约占全球国际社会对外投资总量的十分之一。在发展中国家中，中国吸引国际社会投资数额靠前且实际外资利用率自1993年以来一直居于世界第二。同时，由于经济全球化推动了资本、人才、信息、技术等生产要素在全球范围内的流动，中国在引进外资的过程中也可以不断吸收、借鉴他国先进的管理理论和管理经验，并根据中国的国情进行管理方法上的创新，极大地推动了中国企业在"软实力"方面的创新、发展。其次，加快了中国工业化进程，优化了中国的产业结构。中国利用经济全球化发展大潮，学习他国先进的生产经验，从而有效调整了本国的产业结构，推动了中国的工业化进程。同时，在充分分析和把握国内和国际市场需求的基础上不断调整和优化产业结构及产品类型，实现了经济竞争力的增强。再次，拓展了海外市场，加深了中国参与国际分工的程度，发挥了中国在国际市场上的比较优势。经济全球化为中国企业提供了更多参与国际竞争的机会，使国内企业更好地利用比较优势，优化了资源配置，拓展了海外市场，从而在整体上提高了国内企业的竞争力。最后，利用新一轮科技革命带来的机遇，大力发展高新技术产业，实现了经济的跨越式发展。经济全球化促进了科技在全球范围内的活跃，如果能够有效地利用和积极地参与，就能更好地促进中国高新技术水平的提高，从而建立健全本国的高新技术产业，实现经济的跨越式发展。

（二）世界格局呈现的新变化

世界正在经历的百年未有之大变局，不只是宏大叙事与国力兴衰层面上的"东升西降"，更是嵌入世界政治、国际经济与全球观念等各个领域而产生的20世纪初甚至是近代以来从未有过的深刻变化。

百年变局的大幕持续拉开。世界各地发生了诸多或激烈或残酷或积极的重要事件，都能在国际政治、经济、观念层面持续演进的重大变局中获得投射。透过这些现象，或许可以推测世界可预见性的未来。

二、中华民族复兴艰难前行

古代中国一直保持着世界领先地位。进入近代以来，西方国家在完成第一次工业革命以后，综合国力和战争野心急剧膨胀，然而清朝统治者还沉浸在天朝上邦的迷梦中无法自醒。鸦片战争中清政府一败涂地，割地赔款，从此中国一步步陷入战败、割地、赔款的死循环，中国也逐步沦为半殖民地半封建社会。也是从这里开始，帝国主义纷纷进入中国，中华民族的主权遭破坏、生灵遭涂炭、领土遭割占、财富遭劫掠、文化遭摧残。中华儿女萌生了"民族复兴"的热切愿望。

为了拯救民族危亡，各种救国方案轮番出台。农民派代表洪秀全掀起了太平天国运动，颁布了《资政新篇》。经济上是官僚特权、农民交租纳税，政治上依然是等级森严的压迫剥削，文化上要求独尊洪式教义。太平天国运动幻想建立绝对平等的社会，虽然对中国的出路做出了探索，其实质仍然是旧思想旧文化领导的以改朝换代为目的的农民战争，最终在清政府和列强的联合绞杀中走向终结。清政府自救发起了封建改良主义洋务运动，魏源提出了"师夷长技以制夷"，主张学习西方的科学技术。这场运动中，封建统治者开办了近代的军工厂和民用企业，向海外派遣大量留学生，引进了资本主义的工业技术和人才。可是，这都是没有动摇封建根基的技术和器物学习，并不能从根本上化解民族矛盾和阶级矛盾，也没有从根本上推动生产力的发展。这种以封建儒学旧思想开辟社会新秩序的实验也以失败告终。资产阶级改良派发起了戊戌变法，主张以君主立宪制取代封建君主专制。康有为、梁启超等人寄希望于统治者的政令，希望通过落实改革政令变革政治制度，实现自上而下的社会变革，出现各行各业的繁荣发展。近代西方文化经过文艺复兴和思想启蒙运动的洗礼，是大工业文明的产物，而彼时的中国社会还处在以儒释道为基础的传统农业文明时代。戊戌变法想要在不解放人们的思想、社会生产力也没有得到足够的发展、资产阶级相当弱小的前提下，完成制度的更新，只能是水油分离不相容。在西方工业文明的冲击下，西方文化强势传入中国，而封建王朝还在用传统文化维护意识形态。这种落后的儒学传统文化难敌西方工业文明和科学文化的入侵，只能成为民族复兴的思想障碍。

孙中山第一个喊出了"民族复兴"的口号并领导了辛亥革命。1894年，孙中山率先喊出"振兴中华"的口号。1924年，孙中山首次提出了"民族复兴"，建设"世界上顶富强的国家""世界上顶安乐的国家"。孙中山为了实现民族复兴，领导和发动了推翻封建帝制的辛亥革命，希望建立一个民主共和制的国家。但由于资产阶级自身的局限性，辛亥革命的胜利果实被袁世凯窃取。辛亥革命虽然没有成功，但是辛亥革命维护传播了民主和共和的理念，客观上促进了人们思想的解放。在传统文化中，君主掌握权力，靠"王法"和"家法"维护社会稳定。在辛亥革命后，国家权力在于人民的思想得到广泛传播，"法治"出现在百姓的文化生活当中。辛亥革命倡导的公民自由言论、结社和集会等权利，唤醒了公众的主体意识，人民群众的政治参与意识增强，促进了中国政治文化的变迁。

太平天国、洋务运动、戊戌变法和辛亥革命的接连失败证明，封建君主专制、君主立宪制和民主共和制在中国走不通，不能实现中华民族伟大复兴的宏伟目标。日本思想家福泽谕吉有一个理论，民族的崛起，要先分三步实现三个层面的转变。第一步也是最重要的转变是人心，即人的思想观念的转变；第二步是政治制度的设定调整；有了前两步转变，才能进行科学技术、器物与经济的第三步改变，也才会带来第三步的转变。这是一个由里及表、由深入浅的转变过程。

新文化运动开启了近代中国思想文化革新的闸门。新文化运动中，梁启超提出要改变中国社会，必得更新中国文化。在新文化运动中，科学与民主的思想广泛传播。知识分子关于传统文化与西方文化的激辩与较量直接动摇了人民的传统价值理念，彻底动摇了封建文化的根基。马克思主义文化的输入扭转了中国文化的发展方向。新文化运动促进了马克思主义的传播，为中国共产党的诞生准备了思想理论、科学文化和革命人才。

中国共产党一经诞生，就承担起为中国人民谋幸福、为中华民族谋复兴的使命。有了中国共产党做人民的主心骨，民族复兴从精神上由被动转为主动。中国共产党提出，用革命手段打倒帝国主义和封建军阀。这一政治主张，是历史不曾有过的阶级觉醒。

伴随新中国的成立，中华民族伟大复兴开启了富国富民的新征程。新中国成立后，中国共产党进行了社会主义制度的探索和建设。在1956年，完成了社会主义的改造，基本建立了社会主义制度。轰轰烈烈的社会主义建设为民族复兴奠定了根本政治前提和制度基础，为社会主义现代化的建设积累了宝贵的经验。

中国共产党对民族复兴的认识理解不断深化，民族复兴的内涵在社会主义实践中得到了丰富和发展。党的十一届三中全会后，中国进入了改革开放历史时期。改革开放是新文化运动之后的又一次思想解放运动，阻碍民族复兴的僵化经济体制被打破，束缚国家发展的思想被革新，营造了适合文化发展的社会环境，开辟了中国特色社会主义道路。此时，民族复兴的战略目标在于建设一个政治上自由、经济上繁荣、被新的文化引领而文明先进的中国。在20世纪90年代会见外宾时，邓小平明确表示，党的工作重心要"着眼于振兴中华民族"，现阶段的工作重心是实现工业、农业、交通运输业和国防的现代化转型。

十三届四中全会以后，以江泽民同志为核心的党的第三代领导集体，面临世界社会主义运动严重受挫、世界政治格局重新调整、改革开放深入推进的困难与压力，从容应对来自国内外各方的挑战与风险，广泛学习先进技术，一心一意谋发展，大力推进社会主义现代化建设，开拓中国特色社会主义事业新局面，把中华民族伟大复兴的事业推向21世纪。

党的十六大以后，以胡锦涛同志为核心的中国共产党人，直面资本主义消极文化因素的强劲冲击，深刻思考传统文化理念对社会主义建设的价值。民族复兴的阶段性目标是继续推进社会主义现代化建设、维护世界和平。以胡锦涛同志为核心的中国共产党人，在深化改革开放中加快发展步伐，为全面建成小康社会打下坚实地物质基础，把中国特色社会主义推进到新的发展阶段，中华民族伟大复兴展现出光明前景。

党的十八大以来，中国内政外交的环境发生了翻天覆地的变化，改革发展进入深水区，发展步入求效益重质量的新阶段，这些变化给我们提出了全新的时代课题。习近平总书记把实现中华民族伟大复兴的奋斗目标确立为实现"中国梦"和完成"两个一百年"奋斗目标。以习近平同志为核心的党中央直面时代考验，建成小康社会，打赢脱贫攻坚，实现中国经济的稳步提升，形成了习近平新时代中国特色社会主义思想，团结和带领全国各族人民为实现中华民族伟大复兴的中国梦接续奋斗，开启了全面建设社会主义现代化国家的新征程。

三、高校价值引领日益凸显

（一）社会主义核心价值观的内涵

社会主义核心价值观是指人们对社会主义价值的性质、构成、标准和评价的根本看法和态度，是人们从主体的需要和客体能否满足主体的需要以及如何满足主体需要的角度，考察和评价各种物质的、精神的现象及主体的行为对个人、无产阶级、社会主义社会的意义。社会主义核心价值观反映着社会主义的本质要求和本质特征，是凝聚社会之力量、民族之智慧的强大精神动力。

2012年，党的十八大从国家、社会和个人这三个基本层面提出了社会主义核心价值观：倡导富强、民主、文明、和谐，倡导自由、平等、公正、法治，倡导爱国、敬业、诚信、友善。每个层面的核心价值观都从不同角度为不同群体指明了发展方向。

"富强、民主、文明、和谐"是基于国家建设层面提出的价值目标，表达了对中国特色社会主义的政治认同，体现了我国社会主义经济建设、政治建设、文化建设和社会建设的现实目标。其中，国家这一层面的价值目标是实现社会和个人这两个层面目标的基础和前提，具有基础性、优先性和根本性的价值意义。国家繁荣昌盛是社会持续发展和个人成长成才的外部保障，只有国家在经济上越来越富强，政治上越来越民主，文化上越来越文明，社会和生态上越来越和谐，我们的社会才会朝着"自由、平等、公正、法治"的目标越来越近，我们的广大民众才有实现"爱国、敬业、诚信、友善"的外部环境和氛围。富强是指国家在经济实力上富强，在综合国力上强盛，在人民物质生活上富裕。富强这一目标反映了社会主义经济发展目标和价值追求的有机统一；民主的本质是人民当家做主，是社会主义民主政治追求的根本目标，体现了中国共产党始终不渝的价值追求；文明是指提高中华民族素质，复兴中华文明，这一目标体现了社会主义文化建设的终极追求；和谐是指在人与人、人与社会、人与自然之间实现和谐共处，共同发展，体现了人们所追求的美好社会局面，反映了社会主义与生态文明之间的内在一致性。

"自由、平等、公正、法治"是基于社会构建层面提出的价值追求，集中反映了中国共产党和中国人民对于社会主义制度的要求和向往。自由是指能够在一定约束下自在行使权利、充分展现个性的状态，这是社会主义的根本价值目标；平等是指不同社会主体在一定的社会发展阶段中具有同等地位，享受同等权利，履行同等义务，这是实现自由的根本前提，是对人权的重要保障；公正是指根据一定社会的规定，要使每一个社会成员都能够得其所得、受其所受，贡献要与报酬相匹配，过错要与奖惩相符合，这是社会主义的内在要求；法治是相对于"人治"来说的，即要用法律来治理国家，建设社会主义法治国家。

"爱国、敬业、诚信、友善"是基于个人发展层面提出的价值标准，集中体现了公民应当遵循的价值准则。爱国是指热爱祖国，热爱同胞，坚定社会制度和道路选择，并积极投身中国特色社会主义建设的恒久信念，是爱国之知、爱国之情和爱国之行的有机统一；敬业是指兢兢业业、忠于职守、吃苦耐劳的精神，是乐于业、忠于岗、勤于职的行为品质；诚信是指诚实守信，表现为诚信律己、诚信待人、诚信处事、诚信奉职，诚信是公民道德准则的底线和最基本的道德人格，也是个人品格、社会责任感和国家凝聚力得以确立的重要前提条件；友善是指谦敬相待、守望相助、相责以善，善待的对象主要包括他人、自然和社会，它不仅能促进人际和谐，而且也是社会稳定的基础。

总之，社会主义核心价值观三个层面的价值目标相辅相成、相互依存，是一个层次分明且具有丰富内涵的科学体系。国家层面的价值目标是其他两个层面的统领性目标，起着提供外部保障和方向引领的作用；社会层面的价值目标是连接国家层面和个人层面的纽带和桥梁，承担着凝聚各方力量的中介作用；个人层面的价值目标则是国家层面和个人层面价值目标得以落实的现实基础，在三个层面的价值准则中最具现实性和可执行性。总而言之，社会主义核心价值观的三个层面相互贯通、相互联系，不仅仅是中国特色社会主义核心要义的体现，也是中国共产党人坚持最高纲领和最低纲领的有机统一，更是中华民族长久以来的价值追求和理想目标。

（二）社会主义核心价值观的历史逻辑

任何一种价值观的产生，都有它特定的历史脉络，每个国家在每个时代都有其倡导的价值观，我国倡导的社会主义核心价值观也不例外。它的孕育是对中华优秀传统文化的继承与创新发展，凝聚了社会主义革命和建设时期的经验，彰显中国特色和时代精神。中华传统文化在现实发展方面，与社会主义核心价值观交融相通。一方面，社会主义核心价值观是对中华传统文化的传承与发展；另一方面，中华传统文化内含的特有理念又是社会主义核心价值观的源泉。社会主义核心价值观的培育要注重从中华优秀传统文化的基因中获取，不断汲取丰富养分，从而使中华文化的感召力得到大幅度提升。中华优秀传统文化积淀着中华民族最深沉的精神追求，包含着中华民族最根本的精神基因，代表着中华民族独特的精神标识。这是坚持传承和宣扬中华优秀传统文化的内在缘由，更是传承和发展中华优秀传统文化的价值取向。社会主义核心价值观倡导的三个层面与中华传统文化在精神实质方面是深度融合的。在中华传统文化中，"天下兴亡，匹夫有责""大道之行，天下为公"等古语都告诫大家任何时候都要以国家兴亡为己任，表现出中华民族自古以来就倡导的爱国主义精神。在义和利的关系层面，古代儒家倡导"先义后利"的道德准则取向，这种义利观能有效遏制社会主义市场经济条件下出现的拜金主义思想，为扭转私利化偏向提供文化支撑，为当前我国社会主义市场经济的发展起到关键性的精神导向作用。

新中国成立后，中国迎来了创造新文明的广阔社会空间和历史机遇。但是，在新中国成立之初，中国受到西方帝国主义的威胁，"反帝""爱国"再一次在这种时代背景下紧密地结合在一起。中国人民志愿军抗美援朝，出国作战，高举保家卫国、保卫和平的爱国正义旗帜。这场维护国家正义的战争是一场立国之战，再次向世界展示了中国人民不是好欺负的。抗美援朝精神的核心是把民族和国家利益放在首位，包括"爱国、英雄、乐观、忠诚、国际"五个方面，强有力地提升了民族自豪感，成为中国精神的一部分。在社会主义建设年代，国家要彻底改变"一穷二白"的社会经济发展面貌，需要全体中华儿女艰苦奋斗和勇于奉献。在中国共产党的坚强领导下，广大劳动者们积极投身国家建设，涌现了北大荒精神、铁人精神、红旗渠精神等精神样板。这些精神的背后所具有的共有特性是在物资极度匮乏的条件下，劳动者们凭着对建设社会主义的强烈激情，为民服务，干事创业，将一切"不可能"变为"可能"，体现了中国人民在中国共产党这个马克思主义政党的指导下改造社会、改造自然的强大思想伟力，爱国与敬业的价值理念得到体现，彰显了广大中华儿女高尚的品格和道德情操。

　　站在新时代的发展起点上，文化实力已成为国家之间综合国力竞争的重要标志。在这个时期，挑战与机遇并存，抓住机遇，迎接挑战，破解难题，需要党的坚强领导，也要社会主义核心价值观作为理念支撑与智慧保障。作为新时代青年，要坚信马克思主义的指导思想，坚信中国共产党的坚强领导，听党话、感党恩、跟党走，坚定理想信念，筑牢文化自信，坚守社会主义核心价值观，为实现建设中国特色社会主义文化强国的目标而不懈奋斗，争当社会主义核心价值观的优秀传承者。

（三）社会主义核心价值观的价值意蕴

1. 培养担当民族复兴大任的时代新人的需要

　　习近平总书记在党的十九大报告中提出要"培养担当民族复兴大任的时代新人"，这不仅是实现"两个一百年"奋斗目标的客观要求，而且也是实现"中国梦"的必由之路。当前世界正处于前所未有的大变局，国际关系复杂多变，以人才为焦点的国际竞争越来越激烈。人才作为增强综合国力、提高国际竞争力的关键战略资源，成为在这场没有硝烟的战争中赢得国际主动权的重要因素。由此可见，不论是从国内环境或国际形势来看，都在呼唤培养一批能担当民族复兴大任的有志青年。作为时代新人的主力，大学生是人才的重要后备军，他们具有较高的科学技术能力和道德素养，肩负着祖国的未来和民族的希望，是一个国家最具活力和生命力的支撑，也是实现民族复兴大业的重要建设者、奋斗者和贡献者。

2. 落实高校立德树人根本任务的内在要求

　　2016年12月8日，习近平总书记在全国高校思想政治工作会议上强调，立德树人是高校的立身之本。"德"字内涵丰富，"是一个人政治、思想、道德素质的综合体现"。要落实高校立德树人的根本任务，首先必须以"德"为培育基点和发展方向，培养明大德、守公德、严私德的人。为此，高校思想政治工作必须坚持正确的思想导向，坚持以马克思主义理论为指导，帮助学生树立正确的人生观和价值观。

3. 实现大学生成长成才目标的现实需要

习近平总书记指出，未来社会的价值取向主要取决于青年的价值取向。青年兴则国家兴，青年强则国家强。青年是国家未来的支柱，作为青年群体的重要一部分，大学生更是国家坚实的后备军，所以大学生应当志存高远，坚定理想，保持信念，通过树立正确的"三观"，不懈奋斗，砥砺前行，实现自我成长和自我突破，使自己成为有较高思想觉悟、德才兼备的人才。一方面，现在社会环境复杂，各种不良价值观侵蚀着我国的主流意识形态；另一方面，大学生多数激情有余而理性不足，思维活跃，喜欢追求新鲜刺激的事物，但是他们往往缺乏分析问题和处理问题的能力，无法判断和辨别是非善恶。大学生当前正处于价值观形成、稳定和确立的重要阶段，因此很容易受到其他不良思想文化的迷惑而动摇本身的价值观，弱化传统观念，甚至陷入"三观"混乱的泥淖，不利于将来的长远发展。

将社会主义核心价值观紧扣大学生的发展需求和内在诉求，通过对大学生的价值观进行纠偏和改进，提高大学生的价值辨析能力，在润物细无声中将社会主义核心价值观内化为情感认同和行为习惯，有利于大学生立德修身，提高自身竞争力，进而实现成长成才的人生目标。

第二节　高校课程思政实施存在的问题

一、高校课程思政教学存在的问题

课程思政是指在各科课程教学中进行思想政治教育的课程育人方式。然而，在课程思政的实施过程中，以思想政治课为模板，实施现状表现出标签化、碎片化、固化、表面化特点，难以实现课程思政的育人价值。

（一）教学目标标签化

当前，课程思政的目标被过度主观地解释与实施，成为政治知识的灌输，形成了课程思政目标的标签化问题。部分教师因为国家出台相关文件鼓励课程思政建设，便将建设课程思政视为短期内提升名气、职称晋升的最佳途径与手段，于是将专业课程进行简单的加工与包装，披上课程思政的皮囊，为自己谋求名利。毫无疑问，在这种趋势所迫之下，课程思政本身的育人效用达成便无须过多关心与重视，课程思政设置的目标换来的是与教师职称相比之下的无关紧要的态度，因而成为一种形式化的标签。课程思政被理解为弥补重智轻德的育人缺陷、解决教育教学过程疏于育人问题的重要举措，被定位为政治教育。除此之外，课程思政的目标失语，使其成为空洞的标题。

在实践过程中倡导与采用的"挖掘""提炼"方式，是以思政课的样貌为预期，填充课程思政，提高其思想政治含量，对其进行建构与完善。通过在专业课程中植入政治性教育资源，将塑造学生的思想、价值观的渠道固定为单一的政治知识学习，使得专业课程成为党性修养课，因此，课程思政从空洞的标题变成被支配的对象，着重打造、贴上标签。其对学生的价值观教育被异化为对学生的党性教育与政治教育，自身的价值意蕴被压制与忽视，价值引领作用不得彰显，本有目标不能实现。

除此之外，课程思政教学目标的标签化还表现为教学主体以及课程管理者对课程思政的原则与理念模糊不清，缺乏系统深入的理解与思考。当前关于课程思政实施的具体要求、实施环节不够清晰完整，教师参与质量有待提升以及专门性的反馈文件缺失等问题，导致教师在非正确、非清晰的观念指导下进行的课程思政教学，必然只是空有皮囊而无实质的伪育人方式。在这种不明确的理念的指导下，各专业教师对各类专业课程中的思政目标是什么、每类专业课程的侧重点有什么不同，尚未形成科学认知，因此在课程思政实施过程中，必然呈现出教育目标偏差，教育内容不确定、不清晰，教育方法机械化、缺少针对性等问题。

课程思政的实施过程偏离了其正常的方向与轨道，最终与其预先设定的重点与目标相背离，而其最初设定的、要求的育人目标便空有其表，呈现标签化问题。

（二）教学内容碎片化

课程思政通过以思想政治为模子、标准，以专业课程为载体、平台，将思政课的内容进行粗糙的拼凑与整合，形成课程思政的碎片化案例，并用以组建碎片化内容。

一方面，在教学内容方面呈现出杂乱无章的弊病。例如，有的教师在进行专业课程教学之时，在知识点讲解过程中生搬硬套、强行植入价值观教育与碎片化的文化历史知识教育，使得教学过程充满了主观随意性，因此对价值引领教育也难免"生搬硬套",而学科专业知识经验、学生成长发展经验之间内在的联系就被破坏了。通过举例、设立"思政案例库"的方式将课程思政内容植入教学过程中,通过简单列举的政治历史事例、机械增设政治知识学习版块就成了课程思政教学的代表。在教学过程中穿插零散毫无连贯性的政治性内容,或较为突兀地将与专业教学目标无关的政治性人物事迹作为案例,或在每堂课中尴尬地插播政治主题讲堂。实施课程思政成为将其拆分、形成散落在每堂课、每个教学环节中的知识碎片的过程,用以配合专业知识的教学,这种割裂的、零碎的教学实践甚至呈现出课程教学与思想政治教育的与对立。课程思政存在"孤岛化""独唱""独角戏"等问题,加重了教学内容碎片化的现状。

另一方面,在教学过程之中呈现"言语混乱"局面。课程思政的教学实践过程,以挤占学生碎片化的时间为渠道与支点,将课程思政作为学生的政治必修义务。一些高校强制输入思想政治教育元素,导致本有的专业学科育人逻辑遭到拆解,系统性、协同性有所下降,导致课程思政教学缺少严谨周密的体系。同时,知识内容的教学过程或为集中的政治讲座,或为分散的自主在线学习,缺少连贯的教学设计与有效的评价监督,呈现了碎片化、零散化的教学状态。

总而言之,当前课程思政实施过程中由于对内容疏于系统架构,对教学过程缺乏整合建设,导致课程思政的教学成为多种形式的拼凑与组合,缺乏育人效用与高质量的育人效率。

(三)教学方式生硬固化

当前课程思政的教学过程效仿思政课的开展过程。课程思政的组织与实施过程并非按照其自身的逻辑体系,而是按照思政课的教学流程按部就班地教学。有些教师认为,课程思政教学就是政治灌输,课程思政评价就是成绩考核。课程思政便如同流水线上亟须加工的产品,标明自身的生产步骤与详细说明,完成机械的加工程序,呈现出生硬僵化的现状,形成了课程思政与思想政治理论课的亦步亦趋且东拼西凑的仿制过程。

课程思政的教学方式沿用传统育人方式,与育人价值实施的途径不相协调,影响了育人价值的达成。可见,"思政结合"尽管强调了"思政"的价值,但仍然采用固化的教学方式、僵化的教学流程,沿用传统的知识教育的方式,课程思政自身育人价值实现方式的特殊性、具备的潜隐性等特点未得到充分重视。相较于学生在实践过程中的践行与探索、自我吸收与消化,更加强调学生对文本的巩固,不仅使得课程思政教学过程毫无新意可言,更导致了整个育人过程略显生硬和僵化。在此基础上，课程思政的教学者、管理者与评价者未达成一致协商的意见，导致配合性不强。教师的教学过程效仿思政课教师的教学思路，照搬教学经验。教学成为思想政治课程知识进课堂的过程。

专业课教师未与思政课教师进行沟通交流，未能对思想政治内容进行设计与组织。课程思政只是变成了扩展版的思想政治理论课。同时，课程思政教学过程未形成畅通无阻、彼此连贯的实践体系。各专业学科内部缺乏有效的沟通交流，缺少合乎逻辑的环节设计。课程思政优秀教学示范课程并未很好地在高校教学领域获得传递与学习，未发挥优秀课程与教学案例的示范作用。

（四）教学评价表面化

1. 评价内容重教师轻学生

之前的评价工作过于关注教师的行为，如重视教学目标达成、教学内容质量、教学方法选用、教师师风师德等内容。这种单一要素的评判与评价，违背了课程思政的要求，忽略了学生在课堂上的情感体验和学习效果。评价内容"重教师轻学生"的倾向难以让教师真正树立起"以学习者为中心"的教学理念，严重阻碍了教师的主观能动性和创造性，忽略了课程思政实施过程中亟须的创新与探索，最终不利于课程思政内涵的提升。

2. 评价标准重结果轻过程

在课程思政评价工作中，最常见的处理方式是结合督导听课、同行听课、学生评课的结果，给出课程的终结性评价，即静态的一次性评价。教学工作既是技术，也是艺术，需要留有教师自由发挥的空间，即兴发挥常常也会产生令人意想不到的良好效果。过度强调终结性评价，必然会禁锢教师教学的非预期发挥。过程性评价才能用"为了育人而教学"替代"为了考评而教学"。

二、高校课程思政育人存在的问题

（一）课程思政育人理念有待深入

在课堂教学活动中必定要有教师的存在。但是，在教育教学理念方面，专业课教师还存在着诸多问题，如对课程思政理念理解存在偏差及对思政元素的挖掘不彻底等问题。

1. 专业课教师对课程思政的认识有待提升

教师，从古至今就是一个备受尊重的职业，有着极高的社会地位。为何社会对教师如此尊崇？那是因为教师的职责是教授知识、经验和思想，以及教化他人，而这些正是每一个人都需要的。如今，教师仍然在育人方面发挥着重要作用，承担着培养时代新人的重任，同时也是高校在培育和践行社会主义核心价值观方面的中坚力量。然而，在课程思政概念被提出已有一段时日的当下，还有许多教师甚至连"课程思政"的名字都没有听过，更别说是对其进行深刻的认识和理解了，所以应该让更多的教师对思政课程与课程思政协同育人的概念进行了解与认识。

专业课教师是高校进行教育教学的主要实施者，在高校培养学生思想道德意识和传递正确价值观方面发挥着重要作用。但是，在实施课程思政如火如荼的当下，存在一部分专业课教师对"什么是课程思政"这个问题认识不清，以及对实施课程思政的意义理解不透彻的问题，以至于不能将立德树人这个根本任务落实，只是片面地认为学生的思政教育应由其思政教师负责，而他们只需为学生讲好本专业课的知识，其他事项与自己无关，忽视了自身应承担的育人责任。面对这些关于课程思政认知方面的偏差，还需要专业课教师进一步提升认知水平。

2. 专业课程中对思政元素的挖掘融入有待深化

课程思政不同于思政课程的明显育人作用，它是通过深挖各类课程背后的思政元素，向学生传递有厚度、有温度的知识。然而，在各专业课程的课堂上，教师在授课过程中很少结合思政元素，或者即便结合也是浅尝辄止。这就反映出了课程思政与专业课程之间的协调问题。一方面，专业课程教师难以掌握其学科后的思想政治元素，从而为了"课程思政"而"课程思政"，具体表现为对思政元素生搬硬套到专业课程之中，这样不合适的套用很难产生良好的育人效果，或者只是在其授课过程中用少部分时间碎片化地讲授一些思政内容以达到协同育人的目的，这是对课程思政的错误理解。另一方面，专业课程对思政元素的挖掘和把握不够准确，难以将思政元素精准地与专业课程相融合。思政课程与其他专业课程分属不同的研究方向，在课程思政正式提出之前就像两条不相交的直线，承担着各自的教学任务，但是随着课程思政的正式提出，这两条并不相交的直线产生了交叉，它们都必须承担起相互的责任。由于这两种课程之前一直保持着相互独立的局面，因此专业课程与思政元素的契合点很难被专业课教师准确找到。专业课教师如不能用敏锐的眼光捕捉到专业课程中所蕴含的思政元素和适合的切入点，就难以设计出优秀的课程，更别说实现知识传授与价值引领的统一结合。

（二）课程思政育人实践有待深入

在全国高校思想政治工作会议上，习近平总书记强调："要用好课堂教学这个主渠道，思想政治理论课要坚持在改进中加强，提升思想政治教育亲和力和针对性，满足学生成长发展需求和期待，其他各门课都要守好一段渠、种好责任田，使各类课程与思想政治理论课同向同行，形成协同效应。"这就对各门课程提出了明确的要求：既要讲授专业知识，又要把蕴含在专业知识体系中的具有价值引领和品德培育功能的育人元素挖掘出来，真正做到教书育人。调查显示，大部分高校的教学管理部门尚未协同教学院系成立以教研室为单位的课程思政协同育人教学实践机构，共同讨论并制定各学科的课程思政实施方案，并依据方案调整课程建设、修订教学大纲、修订教师考核标准等；同时在课程思政融入课堂教学建设、课程目标设计、教案课件编写等环节也尚未付诸实践，仅停留在表层，导致专业教学中思想教育内容融入深度不够。

（三）课程思政育人举措有待加强

在实际教育教学实践中，需要进一步推动思政课教师与专业课教师、思政课程与各专业课程之间教育合力的形成，发挥出两者在育人方面的协同作用。

1.专业课教师与思政课教师之间缺少有效协同

课程思政旨在各门课程种好自身"责任田"的同时，也能在思政课程与各门课程之间种好共同的"责任田"，从而共同承担起育人职责，形成协同育人的局面。习近平总书记强调："办好思想政治理论课关键在教师，关键在发挥教师的积极性、主动性、创造性。"

教师是在学生学习成长过程中最具影响力的人，学生怎么学、学什么，大部分是由教师所决定的。学校教学质量的好与坏并不是由学校的良好愿景决定的，而是由教师决定的。教师的言行、举止、态度及授课的方式与内容均对学生发挥着影响。因此，高校教师在不断加强自身修养的同时，也要注意自己对学生的影响，从而扣好学生成长路上的第一粒扣子。但是，在高校教师协同育人方面还存在着以下问题：

一方面，在实际教学中，由于专业属性的不同，导致专业课教师与思政课教师之间关于对"课程思政"的理解缺少探讨交流，各学院之间更像是两条平行的直线，互不打扰、各自为政。在课程方面，思政课和各门课程之间难以形成共同种"责任田"的局面，也使思政课程处于"孤岛"式的尴尬境地，同时也导致专业课教师在思政元素的融入方面难以运用自如。

另一方面，关于两方教师的沟通与交流，大多时候是以座谈会、专题研讨会、讲座等形式出现，往往是少数人在讲看法、讲做法，大部分教师扮演的是聆听者的角色，教师间面对面交流的机会屈指可数，在需要各自怎么做、如何协同以及怎么协同等问题上还缺少具体认识。这种方式流于形式，实际上获得的实效性较少。面对教师之间协同力不足的情况，降低了高校育人工作的实效性，所以其难以实现各类专业课程与思政课程的和谐共鸣。

2. 专业课程与思政课程协同育人合力尚未形成

长久以来，思政课程在育人方面发挥着显而易见的作用，而课程思政的作用则不像思政课程那般让人一目了然，其是一种内隐式的教学，是将育人方式融入课程之中，通过渗透的方式进入学生的头脑。但是需要注意的是，在课程思政的实施过程中，思政课程对其他课程仍然起着统领作用，在引导大学生树立正确价值观方面发挥着中流砥柱的作用。目前，思政课程着重对学生思想的培养，专业课程着重对学生技能及知识的培养，两者的侧重点不同，所以教授方法也不尽相同。这也是难以构建两者协同育人体系的原因之一。

课程思政所强调的内容更加多元、更加包容，有着对自然、社会和人类思维规律的探索。课程思政就是要在教学方法、学习路径、掌握难易度等维度都不尽相同的各类课程中，把握他们背后的关键，挖掘他们相同的思政元素，然后将其有机地结合起来，向学生传递有厚度、有温度的知识。

当下，在课程思政实施方面还存在着一些问题需要去破解。一方面，专业课程在授课过程中往往不涉及思想层面，并不会将"讲好中国故事"融入教学目标之中，仅仅将教学目标局限于专业课程有限的范围内，而不是将教学目标放在育人大格局之中，也不会探寻课程背后的文化故事和价值目标。另一方面，在教学内容上，专业课程与思政课程存在着明显的差异，在研究范围上有着明显的专业界限，这无疑为协同育人增加了实施难度。

党的十八大以来，党和国家愈发重视思想建设，尤其是在国际竞争日益激烈的今天，将思想政治教育思想融入各类课程的教学之中变得十分重要。长期以来，思政课程一直处于孤军奋战、单打独斗的局面，与其他课程互不相干、各自为营，并没有来自其他课程的协助与支持，就像是存在于一片茫茫海洋中的孤岛。同时，高校在专业课程践行课程思政理念的过程中，也仅仅是披上了一层课程思政的外衣，而没有融入身体和头脑之中。例如，有些教师将没有经过与自身课程内容相结合的其他成功案例直接套用在自己的课堂之中，这就像是把两种课程强行扭在一起，反而显得不伦不类，从而导致这两种课程难以相互支撑、形成合力。

三、高校课程思政资源开发存在的问题

（一）开发主体的问题

教师是课程思政资源开发的核心建构者，对课程思政资源开发具有举足轻重的决定性作用，他们对课程思政资源开发的具体实践参与会直接影响课程思政资源开发的最终结果。基于分析发现，其具体实践行为仍存在问题。

1.专业课教师知行脱节

大部分专业课教师对课程思政的价值、课程思政资源开发的必要性和迫切性有深刻的认同感，已经意识到课程思政资源对于课程思政实施的重要作用，但就具体行动而言却并未反映出他们的观念，存在知行脱节、理念与具体行动不一致的问题。

一是对课程思政资源开发的投入时间和精力不足。专业课教师普遍认为，"缺乏课程思政资源"是影响他们实施课程思政、收获理想思政教育效果的一大困境。他们也对课程思政资源开发的必要性和价值有较为深刻的认同，但即便如此，教师们对课程思政资源开发的落实更多的还是发生在领导检查和竞赛中，而在日常的专业教育教学中，对课程思政资源开发花费的时间不够、投入较少，甚至不开发。他们具体的课程思政资源开发行为与对课程思政资源开发的看法和需求形成了反差。教师们在观念意识、理论上认为"重要"的事情并未真正完全成为他们的实践事实。诚然，高校课程思政并不是提倡专业课教师在教育教学过程中对学生进行思政教育的时间越长越好，这反而会出现本末倒置的现象，但这也不意味着实施课程思政不需要多少时间。专业课教师在专业知识传授过程中所进行的短短几分钟的课程思政，其收效是否达到预期，教师是否恰到好处地与专业知识结合对学生实施思政教育，是要有适切的、经过认真思考、仔细挖掘与打磨的课程思政资源做支撑的。教师应结合对专业内容的分析、对学生的分析、对教师自身的分析、对社会实况的分析等来对课程思政资源做出合理的开发与选择，这就需要专业课教师在课下投入足够的时间与精力来完成。而实际情况中，有些专业课教师只花费几分钟蜻蜓点水式开发或只是应付检查才进行开发、过分依赖现成资

源，甚至"觉得麻烦"就不开发等行为显然是不太可取的。他们对课程思政与课程思政资源开发的正确意识与观念，并没有完全使他们的具体行动向课程思政资源开发上有所倾斜，这些观念更多的还只是停留在口头上，而未能真正反映在具体的实际行动中。

二是课程思政不是专业课教学常态。专业课教师对课程思政工作秉持着支持的态度，也认识和理解了课程思政与课程思政资源的关系与重要性。要实施课程思政，必然会涉及课程思政资源开发，若教育教学过程中对学生思政教育有所缺位，那么也就谈不上对课程思政资源的开发了。通过课堂观察发现，个别课程教案中虽然明确设置了思政目标，但在具体的教学过程中，仅仅止步于在导学中向同学们阐述思政目标的内容，教学过程中的思政部分是缺失的，并未进行实质性的思政方面的教育教学，也没有能帮助实现该思政目标的课程思政资源或思政内容出现或未对课堂中显现的思政内容进行解读。甚至还有少部分专业课教学过程中仍然只有专业知识的教学而并没有涉及思政，就更谈不上对课程思政资源开发的投入。

2. 教师间未形成合力

课程思政强调寓德于课，各门各类课程都要使知识传授与思想引领协调一致，要与思想政治理论课共生共荣、协同共进，构建"大思政"格局。所以，专业课相互之间，专业课与思想政治理论课之间都要相互密切联系、沟通协作。对于课程思政资源的开发亦是如此，不是单凭教师个人或单个课程的力量就能做好，需要不同课程间构成课程思政合力，需要课程思政与课程资源开发主体各要素形成共同体。

（二）开发目标的问题

高校课程思政资源开发的最终目的是要实现高校课程思政目标，高校课程思政资源开发的目标与高校课程思政的目标有着直接的联系。教育部印发的《高等学校课程思政建设指导纲要》明确指出了课程思政的六个目标维度，即培养学生的政治认同、家国情怀，提高学生的文化素养、宪法法治意识、道德修养、职业素养等。高校课程思政资源开发目标的维度设置主要集中在职业素养与综合素养两方面，更深入细致地对比两目标维度下所呈现出的具体的目标内容发现，各维度下具体内容间同质化严重，内容表达的重复度过高。确立课程思政资源开发的目标是课程思政资源开发的首要环节，若未能科学有效地设立符合专业课知识实际、高校学生实际、学校定位实际、社会需求实际的目标内容，则后续课程思政资源的一系列开发工作也难以取得理想效果。

（三）开发内容的问题

课程思政资源开发的内容选择不是单纯的材料堆砌，也不是生硬地照搬照抄，而是需要经过深度剖析、精髓提炼、融合重构等，不仅要识别、选择显性课程思政资源，而且还要时刻捕捉、挖掘有效的隐性课程思政资源。

1. 开发内容较浅薄

课程思政资源的内容开发是专业课教师以实现课程思政目标为指引来开发选择课程内容的过程。在此过程中，专业课教师应该从高校学生的学情与经验、课程知识内容、社会时代需求等多方面进行考量。

一是表现为在选择开发课程思政资源内容时，缺乏对其内容深层次的加工、解读和提炼，对思政内容的深度内涵挖掘和拓展不够，资源内容流于形式，显得过于空泛。二是直接对内容进行生搬硬套，致使出现与专业知识内容的融合度与契合度较低的问题。缺乏对专业知识内容和思政资源内容的剖析以及对两者间融合关系的思考，具体表现为：在对专业知识进行讲解后，突然生硬地插入思政内容，直接将专业知识与思政教育分成了两个独立的板块，依然是专业知识教学与思政教育"两张皮"。如果将两者剥离开来，最后的结果则是，学生将思政资源内容当专业知识一样处理，不易从中获得启迪与思考，也不易内化。对课程思政资源内容的开发直接"拿来"，缺乏对资源内容的价值性判断，缺乏对内容优劣的筛选与分析。为了开发而开发，这无疑使得思政资源内容成为空壳，只是徒具包装的"理想"，难以实现潜移默化、润物细无声的思想政治教育，无法真正浸入课程思政的根叶之中，难以成为高校学生思想成长的高价值"养分"。

2. 对学生资源关注不够

学生资源与教师资源一样属于隐性课程思政资源，是一种具有潜在性、间接性的课程资源，相对于显性资源而言，它在开发过程中易被忽视，却又有十分重要的作用，因此是需要专业课教师加倍努力开发的课程思政资源。目前，高校对学生资源的开发有所忽视，关注度不够，主要表现为以下几点：

第一，将学生作为课程思政资源的意识不到位。实际上，学生的个人经历、思想观念、思维方式、兴趣偏好等，乃至于在教育教学过程中的一个细小失误或细微举动，都可以成为课程思政资源。

第二，对学生的主体地位有所忽视。课程思政资源开发的最终目的还是落脚到学生身上，学生与教师一样既是课程思政实施中的主体，也是课程思政资源开发的主体之一。

对于思政而言，这些思政内容或育人内容能否进入学生的头脑之中最终内化为学生自身的思想、行为等，一定程度上取决于学生既有的经验与认知程度。因此，需要注意的是，在高校课程思政资源内容选择开发时，对于学生资源的选择开发是不可或缺的。不仅要分析他们的外显特点以及兴趣爱好，而且还应该深入了解高校学生目前的思想认知、思想动向、价值观念、内心想法、身心发展以及已有的经验等，以此来选择开发高校课程思政资源。

高校课程思政资源内容的开发与选择绝不只是单纯的思政元素的堆砌，不是对某一内容的生硬套用或简单移植，也不是凭空创作。不管选择、开发的是显性课程思政资源还是隐性课程思政资源，都需要通过统整分析多方面的因素，对其深广度和内外延展开深入探究与剖析，从中选择开发出最适宜的高校课程思政资源内容。

（四）开发途径的问题

课程资源开发途径是课程资源开发目标和开发内容的衔接与联合，是实现课程思政资源开发目标、拓展高校课程思政资源开发内容的重要手段，是落实课程思政资源开发的保证。

1. 开发途径较为单一

现代信息技术的飞速发展，为获取资源、信息，开发课程思政提供了多元渠道所以可以根据不同的资源内容选择采用不同的开发途径。例如，可以通过同学讨论共享优秀资源或思政资讯，广开思路挖掘、开发资源；通过查阅学术期刊了解学术动态，关注时事与专业内容间的联系，同时还能保证所开发的思政资源的科学性；通过思政专题会议或讲座来学习思想政治教育内容，从中挖掘和开发思政资源；通过课程思政公开课来学习、汲取优秀的课程思政案例或资源，并提高课程思政资源开发能力等。

2. 途径选择的随意性较强

课程思政资源开发途径是在制定了课程思政资源开发目标，确立好课程思政资源开发的内容后的落脚点。

课程思政资源开发途径的单一局限以及其途径选择的随意不规范必然会对课程思政资源开发造成不利影响，而从当前实际情况看，利于高校实施课程思政、契合专业课程教学内容、贴近大学生实情的可开发的思政资源其实有很多，而致使教师们认为"课程思政资源缺乏""抓不住""找不到更好的""同样的内容学生们听过了"的原因之一是在开发途径选择上较单一和随意。

四、高校课程思政教师队伍建设存在的问题

（一）对课程思政重要性的认识有待深化

课程思政建设方兴未艾，这一理念已逐渐在所有高校教育者中形成共识，但具体行动方案的形成尚需要过程。课程思政要求每门课程和所有教师都能回归教育初心，以育人为己任，但事实却是部分教育者"置身事外"，这部分人的想法大抵是认为思想政治教育是思想政治理论课的教学任务，是思政教师和辅导员要承担的责任，而自己只要能做好专业知识传授的工作就够了，课程思政对于这部分教育者来说反而增加了负担，有这种想法的教育者所占的比例绝对不是少数。甚至有的教育者本身思想政治理论水平就欠缺，对国际局势和重大事件关注有限，在课堂上对学生容易产生误导，传播错误的价值观念，而这也与习近平总书记强调的"高校教师应该是先进思想的传播者、学生健康成长的引路人"是相背离的。

教师是课堂教学的主体，是推进课程思政的关键。目前，部分专业课教师对课程思政重要性的认识有待深化，德育意识有待提高。首先，长期以来受到工具理性思潮的影响，专业学科越来越细化，教育者"教书"与"育人"的目标逐渐割裂，格外重视专业知识的传播，"育人"的本职逐渐丢失。部分教师更加注重专业知识的讲授，对于培养和引导学生形成良好的思想道德素养方面则有所忽视。其次，就业形势严峻导致教育者偏专业教育，忽视道德伦理教育。在课程思政实施中不可避免也会出现这种问题，主要表现为教师重视对原理知识的把握、对实验结果的关注，缺乏思想政治教育的氛围，认为思想政治教育可以通过别的方式开展，如讲座等一些途径，专业课就要集中全部精力在专业课程的学习上，对思想政治教育认识有待深化。在专业教育中，思想政治教育的作用发挥不明显，专业课与思政教育联系不紧密，教师对于课程思政重要性的认识有待提升。当然，教师对课程思政重要性的认识是在实践探索过程中逐渐深化的，由于课程思政建设发展时间较短，教师对其了解程度难免存在欠缺。

（二）对课程思政资源的挖掘能力尚显不足

影响课程思政育人效果的原因，除了部分学科教育者对课程思政的认识有待提高以外，还存在另一种情况，即部分学科教育者能够认识到在所有课程中进行思想政治教育对学生、社会发展的重要性，但是自身育人能力有限，不能根据不同专业课程的特点对思想政治教育资源进行挖掘，不了解学生思想政治教育的内容，难以找到思想政治教育资源挖掘的着力点。大部分学科教师受之前授课方式和内容的影响，自身只对于专业知识和技能以及教学方法了解并沿用多年，因此尽管他们想要在课堂教学中进行思想政治教育，发挥课程的育人职能，但因自身思政能力的不足，也限制了课程思政育人实效性的发挥。此外，学科专业细化，各专业间存在壁垒，也为思想政治教育资源的挖掘提出难题，教育者难以针对性地选择与思想政治教育相匹配的教育内容，难免会降低课程思政的说服力。

（三）教育教学方式相对单一

教育教学方式是教师作为高校教育者必须具备的一项专业技能。如果说教育者构思本门课程的教学体系，梳理、选择、整合教育内容是为课堂授课做准备工作，那么课堂教学运用的教学方式则是将教育内容准确传递给学生的手段。在新中国成立后相当长一段时间里，教育者教学的主要形式是课堂授课，教育方法以理论灌输为主，结合板书讲解，包括理论讲授、理论学习等。随着科学技术的飞速发展，多媒体设备开始进入课堂，并成为现代教育者开展教学活动的主要载体。

课程思政改革具有综合性、复杂性，在实践教学中不能形成路径依赖，要因课制宜，探索慕课、短视频等多种形式的教学方法。以 PPT 的形式讲授理论课程是教师经常采取的教学手段，这种形式相比传统教学方式能更加便捷和直观地展示课堂教学目标和教学重点，进行思想政治教育也更形象，更能吸引学生注意力。不可否认，多媒体在对学生开展教学活动和进行思想政治教育方面拥有巨大优势，但另一方面，多媒体独特的优点也使得教师对其产生了极大的依赖性。许多教师课堂教学离不开多媒体，甚至多媒体教学成为唯一的教学方式，在一定程度上限制了教学方式的发展和创新。教师开展教育教学的方式越来越单一，案例教学的主要教学方式逐渐演变成了"举例教学"，也进一步影响着育人目标的实现。

教育教学方式的选取应该以学生为本，从受教育者当下的状态出发。人的思想是外部环境的反映，外部客观条件复杂多变，学生的思想也是错综复杂的，也会受到内部主观因素的影响，产生不同的判断和反应。教育者也要熟练掌握思政教育方式，综合运用多种教育方式对其进行引导。大学生的思想认识不断发展，课堂教学应该根据学生的认知水平、学生的成长规律、教书育人的规律来把握，教育者需要不断创新教学方式，因课制宜，在教育过程中选择合适的教学方式，使其更加贴合社会与学生的思想及当下需求，解决不同的问题，使思想政治教育落到实处，达到最佳教学效果。

（四）教师课程思政教学能力存在的问题

目前，高校课程思政实施取得了初步成效。但总体而言，课程思政还是一种新兴的教育理念，大部分高校教师对其教学规律尚在探索与学习把握阶段，很多方面仍存在一些问题或有待提升的空间。

1.课程思政教学认知能力仍需强化

课程思政教学认知能力很大程度上决定着教师课程思政教学能力发展的方向。良好的课程思政教学认知能力意味着教师能在全面掌握、深刻领悟课程思政教育理念的基础上深化价值认同，进而形成在实践中开展课程思政教学的内在需求。调查发现，高校教师的课程思政教学认知能力仍需强化。

一方面，虽然大部分教师均已对课程思政教育理念形成认同，但是不可忽视的是仍有一小部分教师对课程思政教育理念的认同度偏低。可见，这距离全员育人的要求还有一定的差距。另一方面，有些教师虽然在主观认识上认同课程思政教育理念，但是在所教授课程中并未真正付诸实践。

2.课程思政教学设计能力相对薄弱

课程思政教学设计能力是教师开展课程思政教学的重要前提和基础，课程思政教学设计能力强的教师善于合理规划与有序安排整个课程思政教学要素，使其能够为课程思政教学活动的具体实施提供有效的方向指引与实践指导，从而最大限度地取得最优的育人效果。调查发现，目前高校教师的课程思政教学设计能力整体比较薄弱。

一些教师对课程思政元素有机融入课程教学中的方法掌握不足，这直接影响到育人效果。课程思政元素的"挖掘"与"融入"都是有章可循的，即使教师能够提炼出课程思政元素，但在融入方式上选择不当或缺少系统化设计，可能会使学生感到机械生硬，育人效果大打折扣，甚至引起学生的反感。

3.课程思政教学实施能力有待提高

课程思政教学实施能力是教师胜任课程思政教学工作的中心能力。该能力越强，教师越能根据课程思政教学设计方案灵活而有效地开展课程思政教学实践。但是，调查显示，当前高校教师的课程思政教学实施能力有待提高。

语言表达是教师教学的基本功，教师要胜任课程思政教学任务，就必须掌握一些思政教育话语体系，不仅要准确适当，条理清晰，而且也要注意精炼，如此才能起到"画龙点睛"的作用，实现寓价值引导于知识传授之中。由此来看，教师对思政教育话语的表达能力存在欠缺是一个比较普遍的问题，需要进一步加强相关学习和锻炼。

在课程思政教学实施中，教师对课程思政教学活动的组织能力非常重要，是提高课程思政教学效率的关键所在。在合理安排教学内容的基础上，教师只有运用恰当的教学方法创设适宜的教学情境才能激发学生的学习兴趣。但是目前部分教师对课程思政教学过程的调控能力不太理想，对于突发状况无法妥善处理，一旦出现突发状况就会影响课堂秩序，削弱课程思政教学效果。

4.课程思政教学评价能力不足

教师的课程思政教学评价能力是把控与提高课程思政教学质量的重要保证，需要教师能够及时收集、全面分析相关信息，并对学生的学习情况进行及时反馈，对自身教学过程进行客观评价，实现以评促学、以评促教。调查显示，目前高校教师的课程思政教学还存在评价能力不足的问题。

一方面，教师对学生课程思政学习效果的评价能力不尽如人意。在课程思政教学改革背景下，教师对学生价值观的测定与评价必须有所依据。诚然，这与知识和能力的考核相比难度更大。这就需要教师要能够灵活利用或编制适宜的评价工具来对学生的思想状况进行检测。很多教师对学生课程思政学习效果评价的方式方法掌握不足或者没有引起重视，无法给予学生有效的发展指引，也无法有效检验课程思政教学目标的达成情况。

另一方面，教师课后对课程思政教学开展情况进行自我评价的意识薄弱。教师通过各种渠道对课程思政教学情况进行自我评价，有助于激发"评价"的指挥棒作用，促进教师提高自身课程思政教学水平。但是，多数教师对此积极性不高，抱着完成教学任务的心态，忽视对课程思政教学进行总结与复盘，不利于教学质量的优化与改进。

5. 课程思政教学研究能力欠缺

当前，高校教师的课程思政教学研究能力存在欠缺，还有待进一步激发与强化。课程思政教学研究能力是高校教师扎实推进课程思政教学改革，提高自身教育教学水平和人才培养质量的重要保障。教师具备良好的课程思政教学研究能力意味着教师能够将课程思政教学本身作为学术活动积极进行理论研究与实践探索，有利于形成课程思政教学改革的特色经验与典型做法，更好地实现课堂育人目标。

（五）专业课教师与思政教师沟通尚未常态化

课程思政要求高校所有课程及教师落实育人职责，形成育人合力。其他课程的教师是协同育人主体，但实际情况是由于先前专业课程没有承担思想政治教育的责任，其他专业教师普遍存在思政素质与思政能力不足的问题，思政水平落后于专业技能，导致其他课程育人目标难以实现。针对这一问题，高校也采取相应措施，要想短时间内提高其他课程教师的思想政治理论知识水平，必须借助思政教师的力量。思政教师作为思想政治教育领域的专业人士，能够为其他课程教师提供帮助。一方面，可以提高其他课程教师的思想政治教育理论素养，把马克思主义世界观和方法论应用到教学过程中；另一方面，也能为把握育人资源、挖掘重点和与专业知识融合方面提出建议。

在课程思政实践中，其他教师与思政教师之间的沟通是很有必要的，增强其他课程教师的思想政治教育能力，可以缓解思政课程及教师"孤岛化"问题的困境，但是结合大学课程思政实践情况来看，目前高校其他教师与思政教师的沟通尚未趋于常态化。其他院系与马克思主义学院间的沟通有待增强，学院之间难以构建有效的协作平台，马克思主义学院协同引领作用不能充分发挥，不能为其他教师与思政教师的平稳沟通提供保障。高校定期开展课程思政教学沙龙等活动，以会议的形式为其他教师与思政教师提供了沟通的场所，并且专门设置了课程思政校级课题，其中也都有思政课教师的参与。在课程思政的实施中，其他学科教师与思政教师是相互联系、相辅相成的，双方分工合作，一同承担育人职责。但是，其他学科教师与思政教师的教学活动鲜有交叉，缺少沟通交流。其他学科教师与思政教师的教学活动和课程定位存在差异，双方的时间和精力有限，专业课教师除了课程教学之外还承担着科研压力，马克思主义学院教师更要负责全校各年级的思想政治理论课，教学任务繁重，双方都很难抽出时间和精力就一些关键问题进行交流沟通，难以得出满意的答案。以上种种都是造成其他教师与思政课教师的沟通难以常态化的重要因素，也是目前提升其他教师与课程本身思想政治教育水平亟待解决的问题。

第五章　高校课程思政的实施原则与规律

课程思政是高校实施立德树人教育的重要抓手。实施高校课程思政是新时代的要求，高校课程思政的实施原则与规律应贯穿于其改革的全过程，对保证课程思政的有效建设具有指导意义。本章分为高校课程思政实施应遵循的原则和高校课程思政实施应遵循的规律两部分。

第一节　高校课程思政实施应遵循的原则

原则是指在做某件事情时所依据的准则或标准。突破高校课程思政实施困境的原则是指高校在遵循高等教育规律进行课程思政教学时，在人的全面发展理论、课程论、建构主义学习理论的指导下所抽象形成的，在解决所遇到的各种矛盾或问题时所遵循的具有普适性的行动准则或标准。高校课程思政实施原则应贯穿于其改革的全过程，对保证课程思政的有效建设具有指导意义。

一、适度性原则

在马克思主义哲学中，"度"是保持事物质的稳定性的数量界限，超出"度"的范围，量变就转化为质变，一事物就变成另一事物。把握好"度"，将事物的变化控制在所能容纳的量的范围内，防止"过"或"不及"，这就是适度性原则。高校课程思政建设要达到"如盐在水"的境界，也必须遵循适度性原则，根据教学目标和教学内容的需要，将适量的思政元素循序渐进地融入课程教学中，达到润物细无声的思政育人效果。具体来说，高校课程思政实施遵循适度性原则主要表现在两个方面：一是思政元素要数量适宜，二是教学方法要循序渐进。

（一）思政元素要数量适宜

遵循适度性原则，首先要求思政元素要数量适宜，也就是要把握好融入专业知识教育的思政元素的量。高校专业课程蕴含着丰富的、独特的思政教育资源，它们与专业契合度高、与学生距离近，运用到课程教学中极易引起学生的情感共鸣，起到濡染思想和价值引领的作用。因此，高校教师要下大力气提炼专业课中的思政资源，并进行合理设计，将其运用到教学之中。但是，这并不意味着融入课程教学的思政元素越多越好。一来，思政元素过多，则可能挤占用于专业知识的教学时间，打破专业课程原有的体系和结构，从而影响专业知识的教学效果和学生的学习效果，导致课程教学目标无法实现。另外，思政元素过多也可能引起学生的反感，这样反而无法达到预想的育人效果，课程思政就失去了意义。二来，如果思政元素过少，流于形式，给学生留下的印象就只是浮光掠影，不能深入学生内心，也无法真正起到育人作用。高校教师在进行课程思政设计时一定要把握好思政元素的量，否则，要么浅尝辄止，要么过犹不及。同时，教师要合理分配专业知识和思政元素占用的时间，避免"跷跷板"效应。另外，课程思政并不是说课堂教学的每个环节、每个知识点都要安排思政教育内容，教师对此要有明确认识，在课程思政设计时避免这个误区。

（二）教学方法要循序渐进

遵循适度性原则，就要坚持循序渐进的教学方法。任何目标都是一步一步达成的，课程思政也是如此。课程思政旨在对学生进行专业知识教育的同时引领其道德理念、理想信念和价值观念等的形成，全面提升学生的综合素质。但是，道德理念、理想信念和价值观念的养成是一个循序渐进的过程，无法一蹴而就、立竿见影。学生素质的层次之别也要求课程思政要因材施教、循序渐进。同时，考虑大学生对思政教育内容的接受能力和领悟能力相对较弱，教师必须根据学生的实际情况，使用循序渐进的教学方法，由浅入深地、有步骤地开展课程思政教育，不能生硬漫灌、不顾学生感受。教师只有坚持循序渐进的积累式教学，才能让学生的心理和行为在不知不觉中慢慢发生好的变化，最终达到"积跬步以至千里、积小流以成江海"的育人效果。

二、系统性原则

系统是由相互联系、相互作用，并且具有整体效应的若干要素组成的复合体。高校课程思政与思政课程协同育人是一个复杂的"育人"系统，课程思政与思政课程属于其中的两个子系统，二者相互联系、相互作用，共同促进高校思想政治工作的开展，任何一方偏离轨道，都会使另一方的教学效果减弱，从而影响整个育人体系。长期以来，在党中央的重视和支持下，我国高校思想政治工作已经取得了可喜的成绩，但是在课程思政重要性和必要性的认识方面还存在一定的不足，并且在高校课程思政与思政课程协同育人上缺少统一规划，势必会影响我国高校开展思想政治工作的成效。在此基础上，开展高校课程思政与思政课程协同育人，必须坚持系统性原则，将课程思政与思政课程当成一个整体，寻找二者之间的联系，建立协同育人系统的运行机制，最大限度地发挥系统内各个子系统的优势，推动协同育人更好更快发展。

三、有机性原则

有机性强调构成事物的各个部分互相关联、密不可分、相互制约、协调一致，这样才能保证事物的连贯运行，发挥出特定功能。自《高等学校课程思政建设指导纲要》发布以来，课程思政实施便成了高校的一项硬性工作，许多高校在实践探索过程中也积累了一些经验。但是，在课程思政的实际实施中，仍存在一些流于形式、落实不到位的问题。专业知识和思政元素"脱节""两张皮"的现象就是其中比较突出的一个问题，它割裂了专业知识和思政元素的有机联系，进而影响了课程思政的育人效果。这一问题在高校课程思政实施中较为突出。因此，高校课程思政的实施也必须遵循有机性原则，实现专业知识与思政知识的有机融合、协调统一，最大限度地发挥出专业课课程思政的特定功能。具体来说，高校课程思政实施遵循有机性原则，一是教学实践要防"标签化"，二是思政元素要内容契合。

（一）教学实践要防"标签化"

高校课程思政实施遵循有机性原则，首要前提是防止"贴标签"现象的发生，关键在于杜绝教师想要在课程思政中"贴标签"的思想。少数教师对自己的育人职责没有全面、深刻的认识，狭隘地认为思政教育只是思政课教师和辅导员的任务，或者认为课程思政会挤占专业内容的教学时间、影响专业知识的授课进度，因此对课程思政理念认同度不高，甚至持排斥态度。但是，为了应付上级检查和学校要求，便只能在教学计划和教学过程中顺带几句具有思想政治教育意味的话语，"匆匆上阵给自己的课程贴上'课程思政'的标签"。显而易见，"标签化"课程思政不是真正的课程思政，没有真正做到专业知识与思政元素的有机结合、协调统一，自然也起不到真正的思政育人效果。

为从根本上防止课程思政"标签化"的情况发生，高校的任务是要对教师多加引导，纠正教师的错误观念，提升教师的课程思政意识，力求从根本上杜绝教师在课程思政中"贴标签"的思想。一是要让教师深刻认识到自己的育人主体责任；二是要使教师明确认识到课程思政实施不但不会挤占专业内容的教学时间，反而是专业课堂的点睛之笔，从而增加专业课的吸引力。这样才能使其自觉地认同课程思政，主动地开展课程思政。

（二）思政元素要内容契合

教师摒除了在课程思政中"贴标签"的错误思想之后，首要任务是要对具体课程进行系统性的课程思政规划。从某一门具体的课程来看，防止课程思政"标签化"的关键在于系统化的课程思政思路，即系统化的课程思政教学设计。专业课程具有高度的逻辑性，各个环节都是通过一定逻辑关系连接起来的，因此教学设计可谓牵一发而动全身。有了宏观的、系统的教学设计，教学思路便会顺畅，匆匆忙忙"贴标签"的现象便能得到有效缓解，而其中最为重要的是选取的思政元素要内容契合，主要是指在内容上思政元素要与专业知识高度契合。这是高校课程思政实施遵循有机性原则的另一方面。

在课程思政中，理想的思政教育是专业知识的自然升华，因此，思政元素要与专业知识高度契合。如果思政元素与专业知识不契合或契合度不高，那就是生拉硬拽式的思政教育，是形式上的课程思政，这样很容易出现思政元素与专业知识毫无联系的"两张皮"问题，自然也无法实现思政元素与专业知识的有机统一，无法形成完整的课程思政知识体系。只有在思政元素满足内容高度契合的前提时，才能与专业知识有机融合形成深层次的教学内容。

四、规律性原则

教学的规律性原则是指尊重教学客观规律，课程融合阶段的整个过程是有规律可循的，教师要根据不同的实际情况和客体认知来进行改革融合，不能盲目灌输。

（一）要以尊重教育自身规律为前提

学校教育的使命是为党育人、为国育才。教育的规律是指在教育事业过程中起到促进作用的规律。学生成长、成才是一个具有规律性的问题，教育过程也就充满了规律性。课程思政的融合渗透应该具备思政课这门课的教学规律，也要明确自身发展的规律。学校教育以人为本，课程融合应该以学生为本，强化锻炼学生自身的思维能力、创造力。

（二）要尊重道德内化规律

道德内化要尊重学生成长的规律、教学体系规律等，其中最重要的是尊重学生自身素质形成的规律。大学生处在"三观"形成的关键阶段，广大教师要认清学生所处的人生阶段的意义。此外，道德内化要从道德观培养做起，而道德观的培养则需要课程思政实施更加完善。思政课道德理论大多集中在细小的知识体系中，这也就要求教师能够有充分的能力去挖掘道德内化素材。

（三）要尊重人的成长规律

人的成长规律在于每个阶段所处的历史时期和人生任务是不同的，教师只有抓好学生的成长规律，才能更好地开展课程思政与思政课的融合。随着社会问题不断地完善，教育教学方式也在不断地改进。自1999年提出全面推进素质教育开始，我们已逐步抛弃过去填鸭式的教学方式，从教授学生知识转变为教授学生怎样去学。灌输教学忽略了人的个性发展，把知识强塞给学生，但是有些学生并不能完全理解，只能照搬着应用。我们应注重学生个体发展，教会学生如何学习，不扰乱学生发展规律，促进学生学习。通过具体实例开展思想政治课与课程思政协同育人，帮助他们树立正确的"三观"。

五、差异性原则

在高校课程思政与思政课程协同育人中，不同学科、不同专业、不同学生个体各有特点，因此在教学中必须坚持差异性原则。教师应根据学生专业的不同特点和认知水平的差异等，合理设计教学目标、教学内容、教学方法、教学评价方式等，最大限度地激发学生的学习兴趣，调动学生的学习积极性，促进学生全面发展。针对不同的学科和专业，教师应在教学中选取不同的教学案例。例如，理工科学生和人文社科学生在对时事的关注领域和思维方面有所差异，在教学过程中就应选取学生感兴趣以及易于接受的案例来引导学生思考。此外，面对不同的学生，需要选取不同的教学方法，给予每个学生展现自己的平台，使学生能够深入思考教师的问题，从而更好地完成教学目标。在高校课程思政与思政课程协同育人系统中，要始终坚持差异性教学原则，坚持以学生为中心，围绕共同的育人目标开展教学活动。

六、求实性原则

当前，在全国范围内，高校课程思政建设正在如火如荼地进行着。为克服课程思政的"同质化"倾向，各高校要坚持求实性原则，结合实际做出特色，这样才能实现课程思政的内涵式发展，从而拥有独特的育人优势。高校课程思政实施坚持求实性原则，就要立足实际制定出具有针对性的课程思政方案，最大限度地激发出课程思政的整体育人活力。

（一）要结合时代要求、社会实际

坚持求实性原则，首先要结合时代要求和社会实际做出改变。时代进步和社会发展的脚步日益加快，各种思潮的范围日益扩大、程度日益加深，给大学生造成了思想上的种种困惑，这就要求教师及时答疑解惑，做出正确而有效的回应。有鉴于此，教师必须自觉关注社会动态，积极了解热点问题，同时要主动了解学生的思想和需求，只有这样才能及时发现问题，进而有针对性地解决问题。另外，时代进步和社会发展还催生了许多新理念、新事物，教师要与时俱进，勇于正视、接受和适应这些"新东西"，并根据教学目标和学生实际进行教学方法和教学手段的更新，推动课程思政的常变常新，增强课程思政的时代特色。

（二）要结合地域实际、学校实际

坚持求实性原则，还要结合地域实际、学校实际做出特色。就结合地域实际而言，地域文化内含丰富的思政教育资源，是课程思政实施的"活教材"，高校可以充分利用所在省、市的地域文化充实课程思政教学。就结合学校实际而言，课程思政特色的凸显要从挖掘本校独特的思想政治资源入手。每所高校都有自己的办学特色和优良传统，也不乏历史名人、学术大家、优秀校友，充分挖掘并运用这些资源中的思政元素，不仅有利于课程育人的实现，而且也有利于学生更好地了解学校，增强学生对学校的认同感和归属感。当然，高校也有办学层次等之分，有分类，有分级，这就决定了高校课程思政的实施不能盲目照抄照搬，而要因校制宜，突出自身的优势和魅力。例如，研究型高校要突出创新精神，应用型高校要突出工匠精神、敬业精神，师范类高校要注重师德教育。反过来，课程思政特色又可以成为高校的办学特色、人才培养特色。

（三）要结合学院实际、专业实际

坚持求实性原则，也要结合学院实际、专业实际、课程实际做出新意。首先，不同学院一般代表着不同学科大类，也代表着不同领域，自然便于形成不同的课程思政特色。各学院要针对自身特色，形成开展课程思政的规范与参考。其次，不同专业的人才培养目标不同。理科专业旨在培养科学家，工科专业旨在培养工程师。科学家要富有科学伦理精神，工程师要富有工程伦理精神，仅这一点不同就可以看出理科专业和工科专业开展课程思政的着力点不同。因此，各专业要结合工程教育认证的要求，根据本专业的人才培养目标进行有目的、差异化的课程思政实施。另外，不同课程也要结合教学目标和教学内容探索不同的课程思政实施路径。

七、立德树人原则

立德树人是指在教育过程中通过正面教育来引导、激励学生，使之成为有品德、有素养的人才。立德树人原则是课程思政教学的另一重要原则，更是课程思政教学的"指明灯"。课程思政教学的本质要求就是将立德树人与各门课程契合相通。为了更好地发挥育人价值，需要将"课程"作为讲授"德"的载体，将"德"寓于"课程"之中，又通过教师教学培养德才兼备者。国家针对高校教学规律对学生培养任务进行了规定，教育教学要始终坚持育人为核心，牢牢抓住德育这个"牛鼻子"。课程思政教学要求所有课程承担德育任务，将德育贯穿课程教学全过程，突出对学生德性的养成，塑造学生良好的思想政治素养和道德素养，确保学生先成人再成才，最大限度地发挥德育作用。教师在教学过程中要始终将德育为先作为其首要原则，切实履行教书育人职责，开创高等教育发展的新局面。

八、与时俱进原则

与时俱进是提升思想政治教育实效性的内在要求，也是高校课程思政与思政课程协同育人建设不可或缺的原则之一。"使学生形成符合一定社会所要求的思想品德"是思想政治教育的根本目的。为了满足社会的需要，社会成员首先需要满足不同的思想、道德要求。

思想政治教育就是要培养社会所需要的新时代人才，这也是新时代思想政治教育满足社会发展的内在要求。一方面，在思想政治教育内容上要坚持与时俱进。党的理论创新成果会随着社会的发展进步不断更新。思想政治教育就是要及时地把党的理论创新成果引入课堂教学之中，用马克思主义及马克思主义中国化的最新理论成果武装大学生的头脑。这就需要教师做到与时俱进，将党的最新理论成果融入思想政治教育工作之中，增强现实解释力，提振大学生的信心。另一方面，在思想政治教育方法上要坚持与时俱进。中国特色社会主义进入新时代，高校大学生的生活方式、价值观念和思维方式都发生了改变，思想政治教育工作也需要随之变化，这就需要思想政治教育在方法上不断进行创新。随着信息技术的高速发展，高校教师可以善用网络，使其成为开展思想政治教育的有效载体，而不仅仅局限于传统的灌输型和说教型的教育方式。思想政治教育工作者还要紧跟时代发展的脚步，掌握国际国内的最新动态，不断更新自己的教育观念，自觉将思想认识从过去不合时宜的做法、观念和体制中解放出来，使思想政治教育具有时代性、针对性和时效性。

九、统筹推进原则

统筹是指从整体出发所进行的一种谋划、推进的活动过程。在高校课程思政实施过程中，统筹推进原则是指教育行政部门、高校、教师三者共同进行课程思政的实施，形成自上而下、联动协调的一种运行机制。教育行政部门是课程思政实施的组织领导、指导推动与考核者，高校能否与国家要求保持一致，就必须接受教育行政部门的组织与政策引导；高校是课程思政教学的推进实施、组织管理与考核者，需要调动校内外各方资源及积极性，促进相关政策在学校的有效落实；教师是课程思政教学的具体实施与执行者，依据各门课程的特性，设定各门课程具体的教学目标、内容、方法、评价四环节，建立师生亲密合作关系，补齐人才培养"短板"，从一言一行中影响大学生的品性，在思政教育和课程教学中产生"渗透效应"。

十、职业特色原则

特色是某个事物所具有的独特优势，是区别于其他事物的。职业特色原则是指课程思政在进行教学过程中要依据地域、学校、专业以及课程应有的优势，走具有"产教融合、校企合作"的职业教育特色之路。高校应明确自身定位，丰富文化育人功能，凸显职业教育特色，将课程思政的理念、元素、价值观等方面与职业精神、劳模精神、工匠精神等职业特色充分融合，与时俱进地培养社会所需要的技术技能型人才；同时把具有职业特色的教学资源和元素落实到教学目标、教学大纲、教学活动等各个维度中，创新课堂教学模式，提升课堂教学效果；注重发挥学校和行业的优势和特色，最大限度地发挥大学生对职业岗位的认同和热爱，增强思政教育实践能力，培养能够适应社会生产、管理、服务等一线工作需求的技术技能人才。

十一、评价导向原则

导向是指从当前出发，为事情朝向某个正确的方向发展提供的引导。课程思政评价原则是以课程思政教学评价为导向的，在一定教育理念的指导下，根据一定的教学标准，运用一系列专业的技术和方法对受评者的活动进行全方位的知识、能力和价值的判断。课程思政教学评价的主要作用在于以中国特色社会主义核心价值观为引领，引导教师如何去教、学生怎么去学，促进学生在学习专业文化知识的同时更好地为国家奉献、为社会服务。建立可操作性的评价机制能够促进课程教学隐性育人作用的发挥，为教学的每一步提供标准和依据，激发被评价者的积极性和自信心。课程思政教学评价应建立多主体协同评价机制，采用多维评价指标，以评促发展，发挥评价育人的导向作用，开新局、走新路，实现思政教育入脑入心。无论是教师主体还是学生主体，都能体现教育教学评价的真正内涵。因此，要建立科学的评价指标，以此为导向，契合课程特征和主体特征，明确课程教学任务与实施过程之间的差距，从而带头发挥引领作用，使高校所有主体在评价机制的导向下正确前行。

第二节　高校课程思政实施应遵循的规律

一、学生成长成才规律

（一）学生成长成才规律的内涵

每一代人有每一代人的际遇，每一代人有每一代人的长征路。当代大学生身上所展现的人格魅力、性格特征大多带有时代的印记，他们都是所处时代塑造而成的，因此，他们身上有时代所赋予的成长规律，也有自身不可替代的思想特点。大学生成长是一个复杂的系统过程，且这个系统是动态和持续的。首先，从微观角度来说，大学生成长包含其个体生命"身内自然人化"的过程。通过自身的实践活动、生活方式，使自身获得文化性，使人成为自己的主人，实现人的自由全面的发展，这个方面涉及人的主观能动性。其次，从宏观的角度来看，一个复杂系统的变化及运行涉及方方面面的影响，因此，大学生成长还包含了客观的社会因素，如最直接的就是家庭、社会、学校等因素的相互影响和制约。也就是说，大学生成长规律形成于各要素、各环节相互影响、相互制约的矛盾运动中，且其能够体现大学生成长过程中与周围各要素、各环节的本质联系，这种本质联系是大学生成长过程中各方面问题的直接体现。

（二）学生成长成才规律的内容

1. 内化外化规律

内化外化规律是思想政治教育过程的基本规律之一。大学生接受思想政治教育的过程的本质是大学生将社会统一的道德标准、核心价值观内化与新的思想道德品质转化为实践活动的外化实现有机统一的过程。从思想政治教育的角度来分析大学生成长规律，大学生成长同样也内在包含了内化外化规律。大学生成长的内化外化由两个部分构成，一是大学生成长的内化过程，二是大学生成长的外化过程。

大学生成长的内化过程包含三个步骤：第一，受教育者首先要在思想层面感知文化现象和内容；第二，受教育者在吸收表象知识后通过自身需求及兴趣点进行知识的取舍；第三，将外来吸收的文化知识内化为自己的认知，形成自身的品德意识。受教育者感知文化现象和内容是进行内化的基础和前提，在吸收表象知识后通过自身需求及兴趣点进行知识的取舍是内化的桥梁，将外来吸收的文化知识内化为自己的认知是内化的最终目的。

大学生成长的外化过程同样有三个步骤：一是受教育者在经过知识的内化之后，先要构建自己价值观念的模型；二是依据自己构建的价值观念模型进行一定的文化设计；三是构思自己的文化方案，通过实践，最终形成自身的文化认知和思想品德行为习惯。这是大学生成长的外化过程。大学生成长的内化和外化相互影响、相互作用，前者是后者的前提和基础，后者是前者的目的，它们是一种辩证统一的关系，因此，"以文化人"要想取得成效，教育者就必须遵循大学生成长内化外化的规律。

2. 双向互动规律

思想政治教育过程本质上是教育者和受教育者在思想、情感、信息等方面的双向交流、双向交互，也就是体现为我们所说的双向互动规律。从思想政治教育角度来看，大学生成长本质上也内含双向互动的规律。大学生成长的双向互动指的是在思想政治教育过程中施教者和受教者之间知识与情感的双向交流。

首先，从教育者向受教育者传授知识的过程来看，教育者起主导作用。在高校思想政治教育活动中，教育者承担着立德树人的责任，也就是思想政治教育的代理人，他们代表的是思想政治教育的价值理念。对于受教育者来说，教育者的思想就是思想政治教育主体性的集中体现。高校思想政治教育的目的就是要求大学生能够超越自身的主体性，从而上升到公共性的主体性。这就意味着思想政治教育的开展是以解决主客体间的思想矛盾为前提，并以实现主客体思想的统一为目标的。也就是说教育者和受教育者都是思想独立的个体，两者思想意志的独立必将产生主体与客体间的思想矛盾，这个矛盾会伴随教育者和受教育者传输知识的全过程。因此，在这个过程中教育者必须处于主导地位，必须根据社会道德标准的统一要求与受教育者的主体需求及身心发展规律进行施教，这是能够处理好主客体思想矛盾的前提和基础。同时，教育者的主导作用也是激发受教育者主观能动性的关键。

其次，受教育者在双向互动中处于主体地位。受教育者处于主体地位主要表现在对教育影响的主观选择和接受知识的程度上。从思想政治教育的过程来看，受教育者的主观选择和接受程度是由对教育者的认识和对教育内容、教育方式的认可决定的。从受教育者参与教育活动、接收教育信息、解决基本矛盾到实现知识内化这几个环节来看，整个过程都渗透着受教育者的主观能动性，特别是受教育者将知识内化为自身认知及价值观念时。对于受教育者来说，在没有接受思想政治教育之前，他们的思想处于自在的状态，具有较强的主观能动性，受教育者接受思想政治教育的过程，本质上就是从思想自在向思想自为转变的过程，同时也是受教育者发挥主体作用的过程。受教育者将内心信念和心理需求外化为实际行动时，同样也渗透着其主观能动性。当受教育者塑造自身价值观并外化输出为实际行动时，其实也反向向教育者释放其自身的主体意识，通过能动的实践活动影响着教育者。当教育者接收到受教育者释放的主体需求后，教育者就会通过受教育者的主体需求进一步完善其教学内容及方法。因此，从思想政治教育过程中教育者的主导地位和受教育者的主体性来看，大学生成长遵循着双向互动的规律。

3. 与时俱进规律

从思想政治教育过程来看，大学生的思想成长遵循与时俱进的规律。大学生进入大学后开始追求思想上的独立，认为以自身现有的经验足够掌握对整个世界和社会的看法，认为自身的认知是全面且清晰的。虽然大学生的这种自我认知和自我看法有时候是错误的，甚至是扭曲的，但对于大学生来说这种认知又非常有必要，且具有积极意义，因为其能够避免大学生在价值观形成时期产生自我认知同一性的危机。大学生的思想认知会随着在学校接受思想政治理论知识的灌输后逐渐清晰，且趋向成熟，并对原有的思想认知产生新的看法，对之前不完善的认知进行补充，产生趋向于公共性的主体性认知，即社会统一的价值观。这时候他们的思想已经进入新的认知世界。但值得注意的是，这些也并不是一成不变的，当外部的环境发生变化，他们自身的看法也会随着社会观念的改变而改变，且不断趋向适应社会统一的价值观，这个过程是无穷尽的。这也就是说大学生的思想并不是一成不变的，其会随着时代的变化而变化，体现出的是一种思想上的与时俱进。这就要求高校在进行思想政治工作时，要充分掌握、了解大学生的这一特点，并合理引导大学生在每一次否定的过程能够由内向外达到思想上质的飞跃。

二、思想政治教育规律

（一）推进社会全面进步的规律

从历史的角度看，思想政治教育具有促进人类发展和社会进步的趋势和必要性。从根本矛盾的角度来看，思想政治教育的根本矛盾是人与社会的矛盾。政治思想教育使人变成人，使人自由、发达。当考虑到政治教育和当前思想的实际效果时，思想政治教育的本质是强调人。思想政治教育的基本原则是"真正的人是思想和政治教育的历史起点"。

（二）促进人的全面发展的规律

从历史的角度看，反对思想政治教育基本规律的现象仍然时有发生，但这一不可避免的趋势并没有被人们的意志所改变。我们只能尝试理解这一发展规律，并且不断地为实现这一基本规律提供和创造条件。在当前形势下，思想政治教育仍然是阶级教育和科学教育。具有中国特色的社会主义实践，为有效执行政治和意识形态教育的基本规律提供了有利条件。具有中国特色的社会主义生态文明的建设，为政治和思想教育的基本规律的实施提供了人道主义基础和制度保障。在通往中华民族伟大复兴的道路上，建设信息文明是实现思想和政治教育基本规律的现实途径。马克思主义理论为实现意识形态和政治教育的基本规律提供了强大的意识形态指导和精神动力。

三、高校人才培养规律

习近平总书记就教育改革提出的"九个坚持"理念，是习近平新时代中国特色社会主义思想的重要组成部分，体现了党对我国教育事业规律性认识的深化。

2019年秋季学期，新版高校人才培养方案开始实施。这次方案的修订是对高校育人的一次集中反思，也是对课程思政实施的有力支撑。要想培育好优秀的人才，高校需要对教育愿景、教育目标、教育过程、教育路径等方面进行重新审视，而把握人才培养规律是审视的前提，也是评价的依据。新时代高校课程思政需要在学校、学科、课程三个方面遵循规律。在学校方面，以立德树人的培养理念为根本，明确育人的定位；在学科方面，以人才培养方案为核心，明确学科的专业内涵；在课程方面，以教学模式方法为重点，明确课程的结构框架。掌握人才培养规律有利于高校突出以育人为导向的课程观，以旗帜鲜明的时代自信开展教育教学工作，引导学生在专业知识和思想道德领域同步发展。

第六章 高校课程思政育人机制的构建

以高校课程思政实施涉及的要素和主要环节作为系统化机制的构建依据，课程思政育人机制主要由组织领导机制、协同工作运行机制、教师协同育人素质提升机制、激励机制、质量评价机制和支持保障机制构成。本章分为高校课程思政育人机制的内容构成、典型地区高校课程思政育人机制构建经验、高校课程思政育人机制构建的策略探讨三部分。

第一节 高校课程思政育人机制的内容构成

一、组织领导机制

《高等学校课程思政建设指导纲要》中明确指出："课程思政建设是一项系统性工程，各地各高校要高度重视，加强顶层设计，全面规划，循序渐进，以点带面，不断提高教学效果。"加强顶层设计的关键是加强高校课程思政育人机制构建的组织领导，以中央为核心成立高校课程思政建设工作小组监管、组建相应的专家咨询委员会，对各地不同高校的课程思政建设工作进度、质量等进行研究，根据具体情况统筹规划，从而更加详细、准确地指导各地区高校开展课程思政育人机制构建工作。同时，地方政府部门以及高校自身同样要强化对课程思政构建工作的组织领导能力，在借鉴经验的同时结合自身条件制定相适应的发展方针和政策，关键是要建立党委统一领导、党政齐抓共管、教务部门牵头抓总、相关部门联动、院系落实推进、自身特色鲜明的思政课程与课程思政建设工作格局，确保高等教育始终沿着正确的方向前进。

因此，必须把组织领导机制的构建作为高校课程思政育人机制构建的重要组成内容。组织领导机制的构建，能够加强课程思政的顶层设计，有序及时地制定工作方案指导实践工作。同时，组织领导机制本身起着组织和领导两大作用，能够高效地组织各部门在课程思政育人机制构建中开展工作，确保机制构建工作在政治上的正确性，推进课程思政育人机制构建工作中的全面统筹规划，不断完善和发展相关制度的制定与理论的建构。

二、协同工作运行机制

协同工作运行机制主要包括《高等学校课程思政建设指导纲要》中提及的教学管理的内容，具体包括部门之间的协同、课程之间的协同以及教学资源之间的协同等。该机制的构建能够协调好各个部分之间在立德树人中的关系，形成协同育人合力，从而提升课程思政育人机制构建的质量。

《高等学校课程思政建设指导纲要》中明确提出，"要健全高校课堂教学管理体系，改进课堂教学过程管理，提高课程思政内涵融入课堂教学的水平。""让所有高校、所有教师、所有课程都承担好育人责任，守好一段渠、种好责任田，使各类课程与思政课程同向同行。""建立健全优质资源共享机制……促进优质资源在各区域、层次、类别的高校间共享共用。"通过实现不同部门、不同课程以及教学资源之间的协同，不断拓展课程思政育人机制构建的方法和途径。协同工作运行机制的作用在于协调好机制构建中的各组成部分，充分激发各个部分中的育人功能以形成高校协同育人合力，对高校课程思政育人机制的构建而言是其在本质上的要求。

三、教师协同育人素质提升机制

《高等学校课程思政建设指导纲要》中明确提出，要提升广大教师在课程思政育人中的意识和能力，实际上就是要提升教师的协同育人素质。《高等学校课程思政建设指导纲要》指出："全面推进课程思政建设，教师是关键。要推动广大教师进一步强化育人意识，找准育人角度，提升育人能力，确保课程思政建设落地落实、见功见效。"高校应深入开展马克思主义理论与中国特色社会主义理论内容相关的专题培训，对新入职教师进行课程思政岗前培训、在岗培训和师德师风、教学能力专题培训等，同时也应鼓励教师之间相互合作，开展集体教研等活动。在教学方式上，"要创新课堂教学模式，推进现代信息技术在课程思政教学中的应用，激发学生学习兴趣，引导学生深入思考""要综合运用第一课堂和第二课堂"，实现理论与实践相结合的育人教学方式。

教师在高校课程思政育人机制构建中的重要性取决于教师在课程思政中的特殊地位。教师是教学过程中的主体，是方针政策的实际执行者，这是其他部分无法替代的，因此，必须提升教师的协同育人素质，使广大教师共同参与到课程思政育人当中，铸就教师之间的协同育人合力，推进课程思政育人机制构建的完善。

四、激励机制

激励是指组织通过设计适当的外部奖酬形式和工作环境，以一定的行为规范和惩罚性措施，借助信息沟通来激发、引导、保持和规范组织成员的行为，以有效实现组织及个人目标的过程。

一般情况下，激励由以下几个原则来引导：一致化清晰的目标原则；物质激励和精神激励并重的原则；明确性合理性的原则；按需分配的原则。按照这几个原则，对每一方面的激励政策进行具体化、合理化、清晰化，有利于减少在政策制定过程中出现的差错，以避免影响团队的战斗力。

激励机制是指通过激励因素之间的相互作用来建立一套合理的运行制度，实现激励主体对激励客体的鼓励和制约作用，完成组织目标。激励主体通过采用多种激励方式来规范组织系统，形成一种相互作用、相互制约的结构模式，这种结构模式的总和被称为激励机制。

激励机制可按形式、影响因素、时间长短进行分类。一是按激励形式可分为外部激励和内部激励。外部激励一般是指通过客观事物达到激励的目的，如根据工作结果的好坏给予一定程度的奖励或惩罚，对激励对象进行激励，这种激励一般跟工作本身并没有什么关系。内部激励是指因为激励对象对工作本身感兴趣，愿意付出时间精力去完成工作，从而从工作中获得满足感，这种激励是主观的，与工作本身密切相关。二是按影响因素分类可分为物质激励和精神激励。物质激励一般是指通过调整薪酬结构、提高福利待遇等方式，满足激励对象的物质需要，实现物质上的富足。精神奖励是指通过岗位调整、考评优秀等方式，满足激励对象的精神要求，获得精神上的满足。三是按激励的时间长短进行分类，可分为长期激励和短期激励。长期激励能够持续激励学生的学习积极性。短期激励主要是通过奖励等方式，让学生在完成一段学习后就能获得满足，从而激励他们更好地学习。

激励机制对高校课程思政育人机制的构建起着重要的促进作用，主要包括示范引领和正向激励两大方面的内容。

一方面，对取得突破性进展的高校树立典型，发挥示范引领的作用。要发挥好引领示范作用，需要构建相应的机制。实际上，示范引领机制的构建可以运用到多个领域中，在高校课程思政育人机制的构建中，通过引领示范机制激发人们的好胜心与斗志，对机制的构建具有积极的作用。《高等学校课程思政建设指导纲要》指出："面向不同层次高校、不同学科专业、不同类型课程，持续深入抓典型、树标杆、推经验，形成规模、形成范式、形成体系。"通过抓典型、树标杆等形式，不仅能够将有效构建经验推广出去，同时还能形成一种良性的竞争，从而不断提高课程思政育人机制构建的质量。

另一方面，将教师参与课程思政实施的情况和取得的教学效果作为教师评职称、晋升、获奖等工作中的重要参考材料，在教学成果奖、教材奖等各类成果的表彰奖励工作中，突出课程思政的重要性，加大对课程思政建设优秀成果的支持力度。正向激励举措极大地鼓舞了教师参与课程思政育人机制构建的积极性和主动性。从总体上看，导向引领机制的最大作用就是避免高校在构建课程思政育人机制过程中走错方向进而导致事倍功半的结果，通过借鉴典型经验、及时发现问题，从而促使课程思政育人机制构建工作在正确的轨道上不断发展。

五、质量评价机制

《高等学校课程思政建设指导纲要》中指出："人才培养效果是课程思政建设评价的首要标准。"在质量评价机制构建中要充分发挥各级各类教学指导委员会、学科评议组、专业学位教育指导委员会、行业职业教育教学指导委员会等专家组织的作用，研究制定科学多元的课程思政评价标准，从而构建出科学合理的质量评价机制。

构建科学合理的质量评价机制，重点在于通过对教师在课程思政育人教学活动中采取的各种育人手段、教学方式以及教学效果等方面进行综合评价，从而及时发现问题，并采取有效措施解决问题，而不是发现教师在课程思政育人教学过程中的不足从而对教师进行惩罚。质量评价机制能够有效地保证教师教学方向上的正确性，通过在质量评价中发现问题、及时纠正错误，极大地提升了教师的课程思政育人教学能力和水平。

六、支持保障机制

确保高校课程思政育人机制最终落地落实，还需要构建好支持保障机制，为课程思政育人机制提供相应的政策支持和资金保障。《高等学校课程思政建设指导纲要》明确指出，要加强对学校课程思政建设的支持保障力度，"各地教育主管部门要加强政策协调配套，统筹地方财政高等教育资金和中央支持地方高校教育改革发展资金，支持高校推进课程思政建设"。不仅要求中央统筹各项资源，地方高校也要根据自身建设计划，统筹各类资源，加大对课程思政建设的投入力度。支持保障机制通过中央、地方政府和相关部门以及高校自身等维度对教育资源进行合理配置，最大限度地支持高校课程思政育人机制工作的开展，从而确保课程思政育人机制构建工作有足够的物质基础支撑机制在理论建构、实践探索、教师培训等方面的工作开展。

支持保障机制是高校课程思政育人机制的物质基础保障，在机制构建中起着基础性作用。通过构建支持保障机制，不仅可以使教育资源在课程思政育人机制构建工作中实现优化配置，而且还能够根据不同学校的具体情况制定相应的资源倾斜政策，从而避免因资源不合理配置而导致有的高校课程思政育人机制在构建中出现物质基础不足或者资源过剩的问题。

第二节　典型地区高校课程思政育人机制构建经验

一、北京联合大学课程思政育人机制构建经验

（一）北京联合大学协同建设情况分析

北京联合大学坚持理论提升与实践深化同步推进，一方面积极构建具有特色的联大思政话语体系，浓郁立德树人氛围，厚植联大协同育人的土壤；另一方面探索协同育人的实践逻辑，确立立德树人的体制机制，制定课程思政实施的总体方案，形成层层管控、层层监督的导学领导小组。在理论提升与实践深化同步推进、互相作用的机制下，北京联合大学思政课程与课程思政协同建设取得了实质性成果，打造了具有推广价值的优质精品课，实现了育人又育才的教学效果。

具体而言，北京联合大学通过以下几个方面加强了协同建设：

首先是学习借鉴，用他山之石破未知难题。北京联合大学首先借鉴分析了上海地区高校思政教学改革的经验，并分析了相关经验与本校专业的匹配度与适应性问题，最后对其进行转换吸收，从而探索形成具有本校特色的改革模式。

其次是共同发力，聚上下之力促教学改革。北京联合大学党委率先学习高校思想政治工作会议精神，认真领会中央对思政改革和协同育人建设的指示精神与目标要求，组织各级教学领导和专业课教师召开主题研讨会，就如何开展协同建设工作进行多次磋商，最终制定了课程思政规范化建设的总体方案。

再次是有效推进，以推进项目开改革新路。北京联合大学积极申请了"应用

型大学推进课程思政建设的研究与实践"的项目课题,同时精选了一批优秀的专业课教师,组成了项目课题小组,最终取得了一系列具有价值意义的项目成果,为改革思政课提供了可行性参考。

最后是突出特色,创优质课程显改革初效。北京联合大学在协同育人建设过程中,根据学校现有资源和专业特点,推动打造了"课程思政—红旗渠""红色溯源"等优质课程。这些课程不仅深得学生喜爱,而且其中形成的经验也为后续工作的拓展提供了基本方向。

(二)北京联合大学开展"课程思政"的具体课程

以"现代传感器原理及应用"这一专业课为例,北京联合大学授课教师韩玺将这门课的课程目标设计为知识、应用、整合、情感、价值、学习等六个方面。他通过对课程专业知识点的梳理,对每一部分的思政融入进行设计,主要包括以下三方面:

第一,讲述传感器的基本工作原理,以原理融合普适性道理。通过讲述传感器的基本原理,以原理为根本,以中华传统文化的观点分析各类传感器在原理上的相关性;从传感器的原理特性出发,映射"量变到质变"的朴素哲学道理。通过原理融合普适性道理,练就学生唯物主义的世界观和善于变通的科学思维。

第二,讲述传感器芯片的设计与制造现状,根据传感器关键性能参数,以器件融合时事。在讲述传感器芯片的设计原理与制造工艺的过程中,结合中美贸易战、中兴事件等时事热点问题,分析造成我国芯片成为短板的原因,讨论弥补短板的着手点,鼓励电子专业学生在芯片领域做出贡献,树立科技兴则民族兴、科技强则国家强的信念。

第三,讲述现有传感器理论与技术的局限性,以电路应用融合"中国梦"。课堂传授的知识都是人们在当下认为正确的知识,然而,随着理论与技术的进步,很可能我们当前所教所学的会被证明是错的或者是有局限性的,这种情况历史上并不少见。因此,学生在学习中也应当具有怀疑精神,很多创新恰恰源于怀疑,敢于质疑又能脚踏实地,正是创新型人才应当具备的基本素质。"人尽其才、物尽其用",高校应培养富于创新精神的人才,为"中国梦"的实现铸造基石。

(三)北京联合大学课程思政育人机制构建的经验启示

北京联合大学在借鉴其他高校改革经验的过程中形成了具有本校特色的发展新路,取得了一系列实践成果。其经验启示主要包含以下三个方面:

1. 顶层设计不断完善

坚持课程思政育人机制构建制度的建设与完善，在育人又育才、育才先育人的价值导向下，提升制度约束力，增强育人制度协同，不断明晰工作思路，形成有力推进举措；制定出台相关文件，不断深化"课程门门有思政，教师人人讲育人"的格局。

2. 实践探索不断推进

将课程思政实施纳入学校改革发展的重要议事日程，在年度工作中有部署、有落实、有检查、有保障、有激励。校领导班子成员经常参加校院课程思政实施活动，积极开展课程思政实施调研；每学期带头开展"课程思政""三全育人""立德树人"等主题宣讲，统一思想、指导实践、推动工作。巩固和拓展课程思政育人机制构建的"溢出效应"，进一步破解教师党支部建设和师德师风建设等难题；坚持开门搞课程思政建设，积极与兄弟院校开展交流研讨。

3. 理论研究不断深入

校领导班子经常组织育人相关专题理论学习，在常学常新中提升对"课程思政""专业思政""三全育人""立德树人"等理论的认识。校领导班子成员带头研究课程思政，积极组织申报并获批北京市、教育部及国家级相关研究项目，形成有重要影响力的相关学术和理论研究成果，努力构建和完善指导学校课程思政育人机制构建的理论体系。

二、上海海事大学课程思政育人机制构建经验

上海市一直高度重视学生的思想政治教育工作，从21世纪初开始，上海就在基础教育阶段进行积极探索，逐渐形成了"上海经验"。

2005年，上海市提出"课堂是德育的主渠道"，认为德育工作不只是德育课堂的任务，而应是全部课堂的任务，并创造性地颁布"两纲"文件（《上海市学生民族精神教育指导纲要》和《上海市中小学生生命教育指导纲要》），将民族精神教育和生命教育贯穿于全课程，促使德育发展成为上海学校思想教育的重要组成部分。自此之后，上海市就一直致力于在中小学推进学科德育工作，着力构建学科德育体系，不断对学科德育工作进行部署、改进和完善。在不断把学科德育工作推向深入的过程中，上海市也越来越清楚地认识到存在于大中小学德育工作中的问题，并于2013年启动了关于大中小学德育一体化的实践探索，在顶层设计、机制保障、课程协同等方面都做出了有益探索，深入推进了德育建设。

2014年,在全国高校思想政治工作会议召开以后,上海市基于多年来在学科德育建设方面积累的经验,抓住党中央提出要加强高校思想政治工作的契机,开展对高校课程思政的探索,将思想政治教育贯穿于教育教学和科研的全过程,要求所有课程教师都要深入挖掘该课程中蕴含的思想政治教育资源,每位教师都要肩负起思想政治教育的重任,积极探索构建全员、全过程、全方位的"大思政"格局。上海市出台了《上海高校课程思政教育教学体系建设专项计划》《上海高校思想政治理论课改革创新行动计划》等文件,为上海市进行课程思政与思政课程协同育人的试点工作提供了政策指导,并给予了稳定充足的经费保障,深入推进了课程思政育人机制的构建。

2017年,上海市教育委员会发布《关于推进上海高校课程思政教育教学试点工作的通知》,要求各高校要深化思想政治理论课教学改革,开展课程思政试点工作,结合学校自身特点,着力打造并推广"中国系列"课程建设,推进综合素养课程教学改革,发挥各课程的育人作用。上海市率先垂范,推出了一大批各高校结合自身学校背景和专业特色开设的"中国系列"品牌课程。在上海大学推出"大国方略"课程后,复旦大学、东华大学、同济大学等高校也相继开设了"治国理政""锦绣中国""中国道路"等课程。

值得一提的是,有部分高校充分结合自身优势,全方位将思政元素融入特色教学中,如上海海事大学打造了"走向深蓝""大国航路"精品课程、上海音乐学院推出了"国之当歌"、华东政法大学开设"法治中国"品牌课程等。上海各高校不断打造"中国系列"课程,形成"一校一特色"。"中国系列"课程结合各高校自身的专业优势,紧跟时代热点,展现时代风貌,与中华优秀传统文化相融合,蕴含着强烈的价值导向,深入浅出地讲解了习近平新时代中国特色社会主义思想,成为学生喜闻乐见的"网红课"。

以上海海事大学为例,上海海事大学开设有"走向深蓝""大国航路"两门"中国系列"课程,这两门课程都与海洋强国战略紧密相连。"走向深蓝"主要从海洋的战略价值、建设海洋强国的重要性、青年与建设海洋强国之间的关系出发,介绍了中外海洋发展的历史以及现今中国在海洋领域发展的现状,结合中国海事大学在建设海洋强国过程中所做的贡献、取得的成就,对青年学生提出希望,引导大学生正确认识个人与国家、中国与世界之间的关系,自觉践行时代赋予的使命,自觉将小我融入大我,为建设海洋强国、实现中华民族伟大复兴奋发进取、不懈努力。

经过多年的探索与实践，上海市已逐渐形成了一整套以思想政治理论课为核心，其他各类课程与高校思想政治理论课同向同行、协同育人的丰富的"上海经验"，为其他各地各高校开展课程思政育人机制的构建提供了有益借鉴和参考。

三、华中师范大学课程思政育人机制构建经验

（一）华中师范大学协同建设情况分析

2018年以来，华中师范大学凭借学校优质的思政资源与强大号召力，不定期召开"思政课程与课程思政"协同建设教师座谈会，座谈会邀请了思政课多名专家学者及校内多名专业课教师，共同商讨"育人又育才"的协同建设问题。此后，思政课教师与专业课教师就协同育人问题开始进行教学合作，取得了较为可观的成果。2020年后，校党委统筹部署学校未来发展的"五个一体化"的改革目标，并明确将"推进思政课程和课程思政建设一体化"作为其中重要一环。

此后，经由校党委、教学各部门、相关职能部门的通力配合、相互合作，最终形成了包含六大行动的行动方案：一是建立机制，探索思政课教师与专业课教师结对而行，共同协同育人的新路子机制；二是确立标准，学校结合各专业课教师的座谈会议题，商讨制定了"课程思政育人指南"，在为各专业课教师提供指导帮助的同时设定课程思政课堂教学的总体标准，提高课程思政育人质量和水平；三是铸就品牌，以国家社会项目为契机，组建以院士、教学名师等国家级人才为主要成员的顶尖师资团队，以通识教育课程为主要形式，打造诸如"教育强国"等品牌课程；四是形成成果，加快一流学科和师范类专业学科的课程思政建设，推出一批具有学科专业特色的课程思政案例，总结经验，形成可供参考借鉴的成果；五是搭建平台，以学校名义组织各级单位探讨课程思政建设会，每年举办一期校级层面的课程思政研修班、一场课程思政研讨会，组建若干基层课程思政教研机构，将课程思政纳入各类教师培训中，探索以赛代训、以赛促学模式；六是明确保障，强化组织领导，深化理论支持，明确经费支持，融入各类考核，加强正向激励。

（二）华中师范大学开展"课程思政"的具体课程

华中师范大学在课程思政育人机制构建推广中，注重领导引领与教师开拓相结合，通过课堂讲学与文娱活动进行展示。

一方面，华中师范大学校领导借助故事展映会等活动，邀请知名校友返校体验校园生活，校友以话剧、小品等形式为在校学生讲述自己的点滴故事，在活动中增进了学生对母校和国家的热爱之情，又点燃了学生矢志奋斗、积极作为的上进之心。此外，华师领导还亲授"开学第一课""颂马列经典、歌青春华章"等公开课，为学校各职能部门及专业课讲师提供引领作用。

另一方面，各学院教师勇于探索，积极开拓，共同打造学生喜爱的课程思政。如"有机化学"让学生在家学习烹饪，了解菜品等物质进行化学反应和物理反应的全过程，同时让学生切身感受父母的辛劳，提升学生对父母的感恩之情。如"诗苑经典中的芳菲世界"让学生课上讨论"是谁把牡丹捧成国花"，经过"皇帝组""商人组"等小组的激烈讨论，最终帮助学生得出了"人民是推动历史发展的动力"这一唯物主义历史观。如"多媒体通信"以小视频的方式带领学生回顾了我国多媒体技术发展史，借助科学家的敬业故事，引导学生领会铸就大国重器的责任意识和造福于民的工匠精神。在领导牵头、教师奋力的总体机制下，华中师范大学在课程思政实施中已经逐步形成了"门门课程讲思政、个个教师说育人"的育人理念。

（三）华中师范大学课程思政育人机制构建的经验启示

华中师范大学依托优质的思政教育资源和师范学校特色，在校领导带头授课、教师探索求新的共同发力下，取得了较为突出的协同育人效果，

其经验启示包括以下四个方面：

第一，全面提升课程质量和育人质量。通过课程体系的不断优化、课程质量的不断提升、示范"金课"的不断涌现，全面提高人才培养水平。

第二，上下齐心共同推进，达成协同育人共识理念。校领导积极创设课程思政建设条件和氛围，提高了各级单位的执行力与创新力。

第三，以"思政育人"为核心，各类专业多点开花。各级单位在课程思政协同育人理念的驱动下，充分发挥各自专业的优势，推动打造了一批批具有华师特点的品牌课程。

第四，优化学校教师评优评先机制，激励教师讲出"最美思政课"。学校定期进行教师评比工作，对表现突出、工作积极的课程思政教师给予优厚待遇，并帮助其参加国家级别的学科竞赛，提升教师综合素质，扩大学校思政课的影响力。

第三节 高校课程思政育人机制构建的策略探讨

一、健全协同育人指导机制

协同育人机制的建设是一项集系统性、复杂性于一身的艰巨任务，是一种极具开拓性的教育教学探索，其覆盖面广、涉及人数多、挑战性强。如若没有科学有序、行之有效的指导机制，高校的育人目标就很难实现。由于高校专属管理资源存在不可分性，要降低管理成本，减少协同衔接环节，就应当加强顶层设计，做好整体规划，建立并完善相关机构及其职能，科学化地建立健全统一领导的党委领导机制、上下贯通的协同管理机制、多元共治的协同工作机制。

（一）建立统一领导的党委领导机制

在协同育人机制的构建与完善上，高校党委在宏观把握和顶层设计上承担着政治责任，掌握着该机制建设的方向与宗旨。高校党委要始终清楚明晰并自觉承担自身的责任，切实加强对协同育人机制建设的领导，进一步落实责任主体，结合实际健全工作机制，强化督查检查，确保建立健全协同育人机制是一次自上而下的教育改革。

1.明确党委主体责任

高校党委，作为协同育人这项宏大机制建设的责任主体，统领协同育人全局。因此，要想落实育人的根本任务，就应当以身作则，自觉提高自身的思想水准、认识水平、知识素养，自觉纠正关于育人工作实施主体的错误观念；自觉消除思政教育这一工作只能由思政课程来开展实行的认知偏差；自我吸收"课程思政""三全育人""协同育人"的科学育人思想，做好育人工作的方向标，提高理论自觉和文化自信，将"协同"的工作思想融会贯通于育人工作之中。

此外，高校党委还要在明确各门课程、各科教师都具有育人的作用功能、都承担着育才职责的基础上，高度自觉地扛起组织领导、组织协调的重任，充分整合育人资源，优化资源配置，开展培训、宣讲等多种活动，让各层级各部门明确为何要推行"课程思政与思政课程协同育人"、如何"协同育人"，有步骤地将"课程思政""协同育人"理念引入人才培养体系，融入组织管理体系，渗入教育教学体系。

2. 强化党委领导

高校党委承担制定全校性育人工作改革方案、协同育人资源、调配各级部门行动的职责，坚持党委的统一领导，加强党委对于育人改革的组织领导、统筹协调，保证改革的落地生根。党委既要将意识形态领导做到位，将示范引领工作做扎实，巩固马克思主义理论在其他课程中的指导地位，发挥马克思主义理论对所有课程的引领、示范和辐射作用；又要加强自身示范引领作用，可以尝试走上育人"大课堂"，通过自身的道德修养、品德行为进行言传身教，提供榜样示范作用。另外，在校级党委的统一领导下，党政所处的职能处室为协同育人提供政策支持和物力支持；院系党委做好贯彻落实，同基层党组织与党员教师形成协同育人领导小组，发挥协同育人作用。

（二）建立上下贯通的协同管理机制

协同育人机制建设是一项系统性的改革举措，需要建立高校党委、教育行政部门、相关职能部门、各二级学院、党员教师及其党支部、基层年级班级等于一体的上下贯通的多层级协同共管机制，保证了不同层次的管理部门、不同的行政机构、不同的管理主体既能够各尽其责、科学分工，又能有机地团结合作、协同育人。要建立上下贯通的多层级协同管理机制，需要以坚持正确领导为引领，以有效协同为关键和保障，在坚持统一领导的党委领导机制的基础上，坚持党委以及教育行政管理部门的统一领导，坚持团书记领导团委部门负责制，健全协同育人的重大工作体系与机制，建立并形成高校党委、行政管理部门共同领导和管理的多层级协同管理机制。

第一层级为教育行政管理部门。其承担组织领导这一主要职责，具体表现为规划引领、全面指导、督查评估，强化监督机制，严肃高校政治纪律，强化育人主体的政治意识、纪律意识、底线意识，坚决抵制高校课堂里出现违背政治底线、法律底线，甚至是道德底线的行为。

第二层级为高校党委以及其他领导班子所成立的协同育人工作领导小组。校长和党委书记共同作为组长，担负着协同育人这一宏观机制建设"第一责任人"的职责；负责学生思想工作方面的副校长，以及副书记要对第一责任人进行辅助，共同肩负起领导责任。

第三层级为高校的二级学院党组织。各二级学院应当分别建立起各自的协同育人工作管理小组，二级学院党委书记可以和学院领导共同担任小组组长，同各职能部门如校团委、学生处相互协同，各负其责，明确其对学生应当承担起的思想政治教育管理的具体职责，并将其上升到提升办学质量和人才培养质量的高度来认识和把握。

第四层级为党员教师以及所在的党支部。教师党支部是协同育人这一整体机制构建的战斗营垒，党员教师首当其冲地成为协同育人工作的责任主体、实施主体，对于其他教师来说，更是发挥示范作用的典型楷模。党员教师要提升自身素质和业务水平，自我查摆，自觉加强师德师风的建设，坚决做到以德立身、以德施教，从而突出党支部的政治功能，提升组织力，强化党支部对于各类课程的育人功能的把关作用，将思政课程与课程思政这二者进行纵向上的深层次融合，打通堵点，强化育人工作。

第五层级就是基层班级中所成立的团支部。作为学生团支书，必须在班级辅导员、班主任和相关教师的带领下，主动负责并定期开展对于本班级同学的思政工作，率领同学进行自我监控、自我督促、自我控制、自我服务、自我教育。这样上下贯通、层级分明、分工清晰、职责明确的协同管理机制，能充分提升课程思政育人的实效性以及协同育人的工作效率，真正实现教育与管理、教育与服务、管理与服务相互配合、相互合作、彼此互动、共同进步。

（三）建立多元共治的协同工作机制

1. 创新课程思政育人目标，完善协同机制

高校课程思政育人工作的内容主要是围绕学生未来的发展而进行的，以协同的理念进行课程思政育人工作，采用科学合理的方式确定教育目标对课程思政育人工作有非常重要的意义。因此，在高校课程思政育人工作中，应以创新教育目标为基础，对教育理念、教育方式等进行协同创新，促使教育中每个环节之间互相配合，实现共同创新发展的目的，保证每个环节的教育目标相一致，从而提高课程思政育人工作的有效性。另外，要对课程思政育人模式进行创新，通过多种途径拓展教育内容，提高教育课堂、学校以及社会之间的协同能力，从而促进课程思政育人工作的有效开展，加强学生对课程思政育人工作的兴趣，实现课程思政育人与社会发展协同一致的目的。

2. 构建完善的课程思政育人工作的协同评价机制

各高校需要根据课程思政育人的工作质量以及效率，构建完善的教育工作的协同评价机制，并科学合理地对教育工作进行评价，保证教育中每个工作环节的有效性，继而提高教育工作质量；需要对每个教育环节之间的协同工作进

行评价，并根据评价结果采取适当的奖罚措施；需要对高校领导体制进行改革，建立完善的领导体制，促进高校课程思政育人工作协同机制的顺利进行。

3.建立完善的课程思政育人工作的协同制度

要想有完善的课程思政育人工作的协同制度，需要高校的相关部门之间形成良好的协作关系。在开展课程思政育人工作的过程中，要有充足的物质保障以及完善的协同制度，从而促进课程思政育人工作的有效进行。高校传统的人员分配都是各司其职、各尽其用，每个部门之间没有联系，这样会降低课程思政育人工作的效率。因此，课程思政育人协同机制应得到高校的高度重视，并配合制定完善的协同制度，从而体现协同机制在高校课程思政育人工作中的应用价值。

要想在高校课程思政育人工作中建立协同机制，需要完善高校课程思政育人工作的管理制度，并且科学合理地对高校内部的教育资源以及行政资源进行管理，体现出课程思政育人工作在高校中的重要意义。在协同机制的构建中，会存在一些问题对课程思政育人工作协同机制的开展造成影响，因此，需要对教育目标进行创新，并提高学生的综合素质，建立完善的协同评价机制以及协同制度，从而促进高校课程思政育人工作协同机制的有效开展。

二、打造协同育人课程机制

（一）推进各类课程与思政课同向同行

1.打造"升级版"的思政课程

课程思政致力于将正确价值观的培育润物细无声地融于所有课程中，深化和拓展课程教学过程中的隐性育人作用，而思政课程与课程思政的指导思想和育人方向是一致的。思政课的理论基础和政治导向为课程思政建设指明了方向，不能将二者割裂开来。

首先，要寻求思政课程和课程思政之间的契合度。课程思政与思政课程的内核是一致的，但形式却不一致，因此如何能使思政课程与课程思政同频共振，就要找到双方的契合点。一方面，我们要打开眼界，跳出传统的思维模式，对思政课提出更高的要求，向各类课程进行学习，丰富思政课内容建设，让学生爱上思政课；另一方面，各类课程也要向思政课学习，对思政资源进行有效开发。

其次，要创新思政课的教学方式。大多数思政课教师习惯性采用灌输、开门见山的方式讲授思政课，很多大学生对此类课程比较抗拒，难以达到理想的学习效果。要让学生真正接受思政课并保持对课程的兴趣，就需要教师不断尝试新的教学方式，让思政课变得有趣。

2. 打造"育人育心"的专业课程

专业课和专业教师对学生的影响是广泛的、不容忽视的。实际上，专业课所拥有的丰富且专业的知识体系，为课程思政提供了丰富且科学的后备资源。因此，需要构建"育人育心"的专业课程体系，达到与思政课程同向同行的目的。

首先，要将课程思政理念渗透于专业课程当中。具体表现为，教师在进行教学活动中，应将思政元素与各门专业课程的课程性质、知识结构、课程内容等进行融合设计。

其次，要凝练出专业课的思政特色，不断探索创新。每所高校的每门学科、专业课程都有其独特之处，专业课的课程思政建设更需要以此为依据，根据不同专业课的独特性，选定有代表性、说服力、有特点的教学材料，探索创新教育教学方法，推出具有专业特色的试点课程，凝练出属于专业课的思政特色。

3. 打造"价值引领"的通识课程

与专业课程和思政课程相比，通识课程打破了学科藩篱，拓宽了学生的知识面，传递出社会主义核心价值观，进行非专业、非功利的教育。通识课程作为一种意识形态课程，理应成为课程思政的重要载体。课程思政作为一种教育观，通过润物细无声的渗透方式，要求各类课程都要"守好一段渠，种好责任田"，理应成为通识课程的指南针。因此，打造"价值引领"的通识课程，使之与思政课程同向同行势在必行。

首先，要制定通识课建设的价值标准。高校在开设通识课之前，每一门通识课程都要明确自身的课程定位、课程目标、建设要求。课程定位要考虑到课程适用于哪一类的学生，服务于怎样的课程体系；课程目标要增进通识课的情感性和体验性；建设要求要突出"以价值为引领"的思政作用，从全局把关。

其次，要改进通识课的课程结构体系。当前，通识课的课程存在课程比例设计缺乏合理性、过度知识化倾向，课程之间没有形成有机的联系。高校要解决这些问题，就需要对现有课程进行系统性的分析，制定出课程遴选制度，筛选出适合本校人才培养目标的通识课，确定本校特有的通识课程板块特色，以起到对其他课程的补充和支撑作用。

（二）促进"双进"工作落到实处

一方面是要将习近平新时代中国特色社会主义思想进教材落到实处。首先，各高校在落实的过程中一定要以全面性、针对性、创新性、可读性、理论性为原则进行教材设计。这是进行相应课程思政学习的基础和前提。在教材的编写与设计过程中，根据各门思政课的特点，分本科生、研究生、博士生三个阶段进行教材体系建设。其次，高校需要根据自身实际情况，根据不同学科的特点和内容来设计课程。通过分领域讲述和系统总结相结合的方法，理解论点和论据、理论与现实、显性与隐性的关系，从而实现科学的编排、有机的整合和系统的开展。专业课程要结合本门专业课的特点和优势，挖掘出本学科知识体系中所蕴含的内涵和精神；通识课程要强调思想的引领性、政治性和理论性。思政课程在形成"4+1+X"的思政课程体系基础之上，在各门课程中根据知识内容重点突出习近平新时代中国特色社会主义思想相应内容。最后，要注重线上、线下课程相结合。

另一方面是要将"中国共产党历史"专题课进教材落到实处。首先，将中国共产党史教育与专业教育相融合。在专业课程中要深入挖掘党史百年历程中蕴含的课程思政元素，充分利用百年党史的丰富案例和素材，采用灵活多样的教学模式与方法。其次，要创建高校自己的"中国共产党史"专题课，打造成为课程思政的示范课程。最后，要将"中国共产党史"专题课纳入学分管理，设置选修课和必修课，要求每个学生必须修满相应学分。

三、构建协同育人实施机制

构建协同育人实施机制，是确保协同育人工作有效运作、推动协同育人创新发展、促进协同育人取得实效的有效举措，必须加以重视，从目标理念之间、场域平台之间、人才队伍之间的协同来探索行之有效的协同育人实施机制，以此促进思政课程作为立德树人"关键课程"作用和课程思政作为立德树人"关键环节"作用的协同发力，确保各项协同育人工作尤其是课程协同育人工作的落地落实和高效运转。

（一）完善目标理念协同育人机制

1. 目标协同

目标协同是指共同追求的价值目标，是相较于个体差异目标而存在的集体目标。目标协同的构建在协同育人机制中具有根本性的地位和作用，是金字塔的基础，在整个协同育人机制的构建中起到了支撑作用，课程协同、主体协同、平台协同、场域协同的实现都有赖于目标协同。立德树人是教育的根本任务，应当将立德树人作为协同育人的根本目标以及立足点，各育人主体虽然在育人方式与模式上有所区别，但是在实现立德树人这一共同的集体目标上应当保持应有的协同特性。育人目标作为协同育人系统中的子系统之一，自成系统，存在着不同的目标分类，包括主要和次要目标，长期、中期与短期目标等各个子目标，必须加强教育目标子系统中各子目标的协同，促使各子目标都能够与立德树人这一总目标相一致。

2. 理念协同

理念协同是指高校中各育人主体在育人层面上所具有的一致的育人信仰、共同的教育目标，促使育人工作能够更好地满足学生成长诉求、适应时代发展需求和社会进步要求。任何外化行为都是在思想理念的指导下进行的，只有将理念意识相协同，实践行动才能相统一。因此，在协同育人工作中，强化协同育人的思想理念十分必要。

落实到微观层面上来，就是牢固树立协同育人理念，构建协同育人共同体。协同育人共同体应当打破"育人工作只能局限于思政课程"的固化思维，树立"全课程""全员""全方位"的协同育人理念，把各类课程各个教育主体看成育人共同体，以立德树人为自身所在领域应当肩负的根本任务，以培养人才为最根本的目的，共同担负起提高人才质量的神圣使命。只有确立协同育人的目标和理念，各部门才能够相互帮助、相互配合，从而形成强大协同力量；所有教师才能够加强交流与合作，进而形成统一的育人思想和行动；高校才能够克服教书与育人相脱离的现象，切实将育人工作落实在各项课程之中，从根本上加强育人工作的实效性和针对性。

（二）搭建场域平台协同育人机制

育人工作存在一定的场域空间，各教育主体在工作场域上具有较大差异，如若没有场域空间层面的协同配合，各类教育主体之间的协同就会成为空中楼阁，无从谈起。

高校育人工作中的场域主要涉及理论课堂、社会实践、网络等空间环境。专业课教师通常以理论课程为主，其工作场域多集中在学校教学楼中的教室，虽然有一定的实践、实验课程，但其所占比重较少；思政教师的工作场域则广泛分布在课堂、网络、社会实践、学校组织和社团等方面。因此，要想激发育人工作者的内在动力、形成育人合力，就需要拓展育人工作的协同场域，完善场域协同机制，促使教育工作者能够在各个场域中实现有效合作。也就是说，在高校这一大场域中，要充分利用理论课堂、社会实践、互联网等小场域，突出各小场域的个性特色，以小场域带动大场域，为实现协同育人提供良好的环境和空间。

理论课堂是受教育者系统学习价值理念、理论知识和教育者传道授业解惑的重要场所，能够促使学生在教师的引导教育中，形成正确的"三观"，养成良好的思想品德；社会实践主要包括社团活动、志愿服务、支教助教等活动，能够激发受教育者的主观能动性，促使学生在实践中感悟真知，形成并巩固正确思想，进而外化为良好行为；网络环境是对理论课堂和社会实践的有效补充，是传播和共享信息的主要渠道，能够打破时空限制，加强教育主体与客体之间的沟通与交流，促进知识快速传播，充分发挥育人功能。要构建这三个场域的协同机制，就应当坚持党委领导机制，有效推动课上课下、线上线下联动；坚持有效协同机制，利用互联网技术，搭建学术研究、教学策略、思想品德等多个交流窗口。总之，就是要坚定不移地抓好课堂主渠道，扎实推进社会实践，有效利用互联网，营造良好的校园文化，展现协同育人工作的精神风貌。

另外，协同平台的搭建也是协同育人机制构建成功与否的决定性要素。协同平台实质是整合优势资源的交互平台。为推动协同育人工作顺利进行，需要搭建信息共享、人力资源共享两大平台。这里的信息共享平台是指将党和国家的政策与指导意见、高校教育工作开展情况、大学生与教工思想政治动态、大学生与教工基层党建工作等信息，以数据、文字、音频、视频等形式，运用信息化软件所搭建的协同育人信息共享平台。搭建人力资源共享平台，就要整理、汇总相关职业资格人员的信息，以专业水准、工作素质、个人品德等各项指标为分类标准来系统分类，之后再以教学要求、课程目标为标准来开展人才配置工作，从而形成协同联动的育人主体体系，有效促进不同工作场域、载体、内容等各项协同育人要素的优势互补。

（三）创新人才队伍协同育人机制

建立人才队伍层面的协同育人机制，是充分实现课程协同育人的必要保障，对实现协同育人的改革工作具有重要影响，是高校育人工作实现整体性、提高实效性的应有之义。

1. 规范教师的德行建设

百年大计，教育为本。教师是"立教之本，兴教之源"，承担着向学生传授知识、办好高质量教育的重任。教育者要先受教，努力成为先进文化的传播者、党执政的坚定支持者。传道者自己要先明道、信道，才能更好地担起学生学习理论知识的指导者和引路人的责任。专业课教师对教学工作的态度、与学生的交流以及言谈举止都会潜移默化地对学生产生影响。课程思政是提升专业课教师理想信念、完善价值观念的重要途径，教师这一职业更具特殊性，应从自身做起，率先垂范，做到"学为人师，行为世范"，才会真正起到言传身教的效果，为学生树立榜样。当然，只靠教师的言传身教还不够，因为学生只是通过听、看与感受，不能完全达到课程思政的目标，还要让学生主动地去体验、实践，才能实现从认知到情感再到行动的有效转变。

教师文明的言谈举止能够对学生思想品质的塑造起到修正作用。专业课教师的内在素养会体现为一言一行的外在表现，也会潜移默化地对学生产生影响。言教辅以身教，身教重于言教，专业课教师在教学活动中所展现出来的理想信念、治学精神、价值取向、人生态度等，对学生有着莫大的影响，学生会受到感染。"教师言传身教、学生耳濡目染"是课程思政最见成效的方式。

师德的界定包括政治品德、职业道德、社会公德，涵盖了教育观、教师观、学生观的相关内容，提出了对人文、科学方面的知识底蕴要求。教师要以师德为范、明树人责任之道。教师工作责任感的高低，直接关系到新时代的中国青年能否扛起实现中华民族伟大复兴的重任。

教师师德的培养方向具体包含政治品德、职业道德和情感道德。政治品德处于最高层次，是教师的灵魂，确保教师的政治方向，是教师成长和发展中最为持久、最有力量的内生动力；职业道德形成于政治品德的关键环节，在职业活动中达到进一步深化；情感道德是"师德"形成的基础与前提。政治品德对职业道德、情感道德的提升和完善起着引领和导向作用。同时，师德是教师队伍建设的最基本要素，教师是高校教育建设的最关键主体，其道德素养直接关系到学生的成长成才，优良的师德、高尚的师风是做好教师的灵魂。

2. 提升教师的协同育人意识

要想让思政课程与课程思政二者实现同频共振、互相呼应，首先，就必须解决认识上的问题。所有教师都要深刻认识到"立德树人"是所有课程都要承担的共同任务。高校教师作为高校教书育人的主力军，要始终将教育教学与立德树人相贯通，发挥教师的主体作用，明确育人使命，按照党和国家对高校教师的指示和要求进行教育教学实践。思政课教师要不断改进和加强思政课程，提升课程的亲和力及针对性。其他课程教师要守好育人阵地，与思政课程教师通力合作，共同营造协同育人的优质发展环境。

在课程思政这一新的教育教学理念的驱使下，高校所有教师在教育教学中都要发挥育人的作用。因此，教师应意识到在课程中融入思想政治教育的必要性，将教育教学与立德树人相统一。另外，教师还应当意识到教师间的合作交流对于协同育人的重要性，特别是思政课教师与其他课程教师之间要实现常态化的交流合作，促进二者在协同育人中实现有效的融合互动。

3. 提升教师的课程思政教学能力

（1）提高思想政治素质，增强行为自觉

教师是我国社会主义教育事业发展的中流砥柱，肩负着为国育才、为党育人的光荣使命。过去在人才培养中，教师往往更加重视知识与技能的教授，对大学生的价值引导过度或单纯依靠"思政课程"来进行。进入新时代，党和国家大力推进课程思政教学改革，其核心要义在于回归教育初心，落实立德树人这个教育根本任务，培养造就德才兼备的高素质人才。落实到教师层面，要求教师既要教书，更要育人，着力破解专业教育与思政教育"两张皮"的问题，而要实现这一教学观念的转变及践行，就迫切需要高校教师提高自身的思想政治素质。

首先，高校教师要提高政治站位，深化对课程思政教育理念的理解和认同。我国高等教育的发展方向与中国特色社会主义事业发展的现实需求与未来目标是完全一致的，高等教育要为中国特色社会主义建设提供坚实的人才保障。教师自身政治站位的高度对党和国家教育事业的发展壮大具有重要意义。在教师的教育教学实践工作中，政治站位首要表现为政治意识。总体来说就是维护中国共产党的领导地位，善于从政治高度看问题。然后表现为站位意识。一方面，体现在高度，即教师是否具有全局意识、大局意识，能否站在中国特色社会主义教育事业发展、人才培养质量的高度上看待教育教学工作，从高于个人所处位置去考虑、去思考、去筹划；另一方面，体现在角度，即教师能否跳出个人和局部利益的角度看问题、想办法，最终为教育事业服务。在课程思政教学改革背景下，高校教师的政治站位突出体现在教师对人才培养辩证关系的全面认识与深刻把握上，坚持育德与育才相统一。历数习近平总书记有关教育工作的系列重要讲话，德育是每逢必讲、每讲必重的中心要旨。广大教师要充分把握人才培养的辩证法，正确认识知识传授、技能培养与价值观引领之间的耦合关系，树立教书育人的教育思想。其次，高校教师要及时将责任意识转化为行为自觉。在调查中发现大部分教师对课程思政教育理念表示赞同与支持，但是其中有些教师落实到具体教学实践中却出现偏差，出现"悬空化认同"的问题，这就需要高校教师进一步深化认识，切实将课程思政教育理念落实到课程教学过程中。在充分认识到知识教育与价值观教育统一的基础上，教师要继续强化责任意识，明确自身承担的育人责任，自觉增强立德树人的荣誉感、使命感与责任感。同时加强政治理论学习，增强对党的路线、方针、政策的认同感，坚持用习近平新时代中国特色社会主义思想铸魂育人，在意识与责任的双重驱动下及时转化为坚决贯彻落实课程思政教学的行为自觉，做好学生健康成长的指导者和引路人。

高校教师只有具备良好的思想政治素质，才能提高政治站位，着眼于党和国家人才培养的工作大局，深刻领会课程思政教学改革的重大意义；才能拥有坚决贯彻党的教育方针政策的政治执行力，以实际行动积极开展课程思政教学实践，从而为课程思政教学能力的提升奠定基础。党员教师更要发挥示范带头作用，带动非党员教师主动开展课程思政教学，扩大课程思政教学的队伍基础。

（2）加强学习实践，夯实教学内功

要确保课程思政育人效果，高校教师必须在夯实课程思政教学内功上下功夫。要充分利用各种资源平台加强相关理论学习与实践锻炼，促进课程思政教学能力的真正提升。高校教师要着重从以下几方面展开推进：

第一，丰富知识储备。高校教师要提升课程思政教学能力，必须做好知识准备，不仅要熟练掌握本学科专业的业务知识，更要拓宽学术视野和知识结构，以满足课程思政教学的需要。首先，教师要加强学习思想政治理论知识。课程思政教学的总体目标是在课程教学过程中通过传递一些思想政治教育内容对学生进行价值引领，那么教师就需要对思想政治理论知识有一定的了解与领悟。教师要系统掌握马克思主义基本原理，坚持用马克思主义立场、观点、方法观察和分析现实问题；要深刻学习中国特色社会主义理论体系，增强"四个自信"；要及时、充分关注时事，养成了解时政、学习政策、关心国家大事的良好习惯。例如，对于人文社科类教师而言，由于学科课程具有鲜明的意识形态导向性，在当前社会思潮纷繁复杂的形势下，教师必须具备运用中国化的理论思维与话语体系来阐释社会现实问题、积极回应学生思想领域及价值选择上疑惑的能力，这就要求教师要及时更新认识、深刻把握新时代中国特色社会主义理论体系，做到融会贯通。其次，教师要增强专业理论功底。这里的专业理论功底是指教师能够对专业知识背后蕴含的价值范式进行延伸与拓展。"课程思政"毕竟不同于"思政课程",它是依托课程知识融入课程思政元素,其中"课程思政元素"不一定是思想政治理论的系统知识内容,还是思想政治教育所体现的一种价值追求与精神内核,强调以润物细无声的方式实现对学生的价值塑造。这就需要教师在熟练掌握学科专业知识本身的基础上也应该对学科专业涉及的历史文化、基本思维方法、发展前沿、行业实践知识了解得更透彻。只有丰富知识储备,教师才能使教授课程中所蕴含的课程思政元素得到充分挖掘,课程教育与思政教育才有可能自然融合,从而真正增强课程知识的思想性、人文性、时代性与价值性。

第二,学习掌握课程思政教学规律。课程思政是新时代教育教学改革的重要举措,核心要义是将思想政治教育融入每一门课程的教学中,发挥课程的育人功能。由于大部分课程教师缺乏相关的教学经验,在实践过程中不可避免地遇到了很多问题。这就需要教师自觉学习和钻研探索课程思政教学规律,从而游刃有余地开展课程思政教学实践。课程思政教学归根结底是做人的工作,因此,课程思政教学在课程特性的基础上应遵循思想政治教育教学的一般规律,在内容设计、融入方法、教学话语以及评价方式等方面充分尊重学生的思想实际、学习需求、个性特点。教师可以通过教学观摩、专项培训、交流研讨等多种途径学习与吸取相关的教学经验与教学技巧,在学习反思中总结和掌握课程思政教学规律,为课程思政教学能力的提升打牢基础。

第三,注重实践锻炼。这里的实践是指高校教师通过积极参与课程思政示范课程建设与相关教学比赛等实践形式,内化获取的理论知识与教学技能,从而在研究探索中检验与改进课程思政教学水平,将其更好地应用到课程教学实际中。无论是参加课程思政示范课程建设,还是相关教学比赛,关键点在于将课程思政教育理念巧妙地融入每个教学阶段中,真正体现"课程内容"与"思政教育"相得益彰。这就需要教师从构思、设计到讲授整个过程中不断修改打磨、完善与练习。经过交流研讨、观摩学习、精心准备、成果展示的过程,教师会对课程思政教学规律有更加深刻的理解与把握。获得成果肯定的教师应怀抱初心回归课堂,将获得的经验和方法应用到实际教学工作中,切实提升课程思政育人效果。

在课程思政教学改革背景下,高校教师要秉持教育者先受教育的原则,树立终身学习观念,不断扩大知识视野,积极参加实践锻炼,促进课程思政教学能力的有效提升,从而取得把课程思政"说好、想深、用活、做实"的良好效果。

（3）优化教师课程思政教学能力发展体系

高校教师开展课程思政教学不能闭门造车，更不能故步自封，而是要选择"走出去和请进来"的办法，不断促进课程思政教学能力的提升。这就要求教师具备将思想政治教育巧妙融入课程教学之中的能力。为了能够给予教师强有力的指引与支持，高校应该紧扣课程思政教学改革要求，遵循教育教学规律和教师成长发展规律，着力优化教师课程思政教学能力发展体系。一方面，要拓宽教师课程思政教学能力提升的多样化渠道，创造条件为教师开展课程思政教学提供切实有效的实践指导。另一方面，也要通过加强相关教学建设，为教师提升课程思政教学能力提供支撑条件，方便教师从中获取资源支持。通过形成以实践指导与资源支持为核心的教师课程思政教学能力发展体系，有利于引导教师不断改进课程思政教学质量，更好地实现育人效果。

高校要努力为教师课程思政教学能力提供丰富多样的提升途径与发展渠道。其中，组织校本培训、搭建课程思政交流学习平台对于教师开展课程思政教学具有非常重要的实践指导价值。首先，积极探索开展科学规范、系统全面的校本课程思政教学培训，充分发挥教师发展中心对教师课程思政教学的支持服务作用，依托其组织并推进课程思政教学专项培训。在明确教师开展课程思政教学实际需要的基础上优化设计培训内容，帮助教师深化课程思政教育理念认同，掌握课程思政教学要点，打好基础，切实增强培训效能。此外，由于教师各自的教学能力和经验存在差异性，有条件的高校可以实施"分层分类"教师课程思政教学能力校本培训项目，如针对新教师、青年教师、专业骨干教师等不同教师群体进行更加精准的相关培训指导。其次，搭建跨学科的课程思政交流学习平台，加强教师之间的交流研讨，特别要加强思政课教师与专业课教师的合作以及发挥"先进典型"对其他教师的示范作用。例如，围绕课程思政教育教学实践，依托教研室、教学团队、课程组等基层教学组织形成学习共同体，开展集体备课活动，深入进行问题研讨，增强课程思政教学设计的科学性；也可以通过课程思政立项、学术沙龙、观摩示范课等多种形式的活动，在交流互动和指导学习中使教师实现经验的积累和技能的提高，从而在实践环节更加游刃有余。

高校要大力加强课程思政相关教学建设，这是教师课程思政教学能力发展体系中必不可少的重要内容。首先，积极制定或选用规范的课程思政教材。除了教育部规定各大高校统一使用的个别教材外，各大高校的思政课教师和各类课程教师可以相互配合，遵循思政教育规律和各类课程特点，考虑学校的历史文化与特色,以及不同年级学生的身心特征等因素来共同开发适合本校使用的校本课程思政教材,为教师精准挖掘、有效开发课程思政元素提供载体支持。其次,规范课程建设,修订细化适合各专业的课程思政培养方案。各院系的领导可以组织各专业的学科带头人、骨干教师、思政课教师等参加学术研讨会,围绕如何将课程思政教育理念融入专业培养与课程建设进行研究讨论,优化课程内容体系,制定新的课程标准,编写新的教学大纲,重新配备教学资源,制定人才培养方案,为教师进一步细化课程思政教学方案提供蓝本与思路,以此保证更好地将思想政治教育有机融入各类课程教学中。最后,打磨课程思政示范课程。高校可以根据本校情况选择一些课程进行课程思政试点,相关部门要广泛动员、精心组织、密切配合,吸引师资参与到课程思政示范课程的建设中。通过课程建设磨炼、提高相关教师的课程思政教学水平,也能为其他教师起到示范与引领作用。

4. 以学生为中心,增强师生双向互动

思想政治教育者和教育对象之间的关系特征就决定了教师必须以教育对象即学生的利益为中心,这种利益集中体现为以满足教育对象的发展需要为中心,就要切实做到以生为本、关注学生。教师和学生是构成学术共同体的两个重要群体,因此,融洽的师生关系显得尤为重要。

高校课程思政的实施不仅是对教师职业能力和素养的考验,更体现在教师与学生的沟通交流之中,能否在课堂上根据学生的兴趣点,贴近学生的心理特点和学习规律挖掘思政元素,融入课堂教学,引起学生的共鸣具有重要意义。所以,在集体备课过程中,可以将教授班级有交叉的专业课教师和思政课教师结合起来,达到优势互补。通常学生在不同重视程度课程上的表现是不同的,大部分学生对待专业课和通识课程的态度截然不同,正是这种差异可以让专业课教师和思政课教师更加全面地了解学生的基本情况和学习动态,做好充分的课下准备,加强教师之间的交流,有的放矢地选择课堂教学内容、教学方法,有针对性、差异化地开展课程思政。

5. 加强协同育人教师队伍的交流合作

推动协同育人的走深做实,必须充分调动所有教师的育人积极性,打破"孤军奋战"的状态,汇聚育人合力。为此,高校应在教育改革的实践中推动思政课教师同专业课和通识课教师的交流合作,构建全员育人的格局。

搭建合作交流平台,推动教师合作交流常态化。思政课教师与通识课和专业课的交流合作是一个双向互动的过程。对于思政课教师而言,可以通过与其他课程教师的交流和合作，增加对其他学科和专业的了解，以便在思政课授课中能够融入更多的专业元素，提高思政课的吸引力；对于专业课和通识课教师而言，与思政课教师的交流和合作对于其学习思想政治教育方法、准确把握课程中所蕴含的思政元素、提高思想政治教育能力具有极大的促进作用。高校应建立动态化、多样化的合作交流平台，通过多种形式促进教师间的交流与合作。例如，成立"协同育人工作室"，为教师提供相互学习交流的空间和平台；举办沙龙活动，教师可以围绕教育教学的相关内容展开讨论，发散思维，总结育人方法和思路；建立和完善思政课教师和其他教师的集体备课制度，通过集体备课，使教师在育人目标、育人内容、育人形式等方面形成共识，在各自的课程教学之中卓有成效地展开教学。

6.提升不同学科教师的马克思主义理论素养

每一门课程都有其育人的功能，每一位教师都有其育人的责任。但是，从当前的情况来看，不同课程的教师的马克思主义理论素养存在明显的差异性，需要采取有针对性的措施，分类指导，逐个提升。各类课程教师的职责就是要对学生进行知识教育和价值情感引导，他们的使命就是要把学生培养成为德才兼备的优秀人才。

一方面，思政课教师在教育教学中既要注重对学生进行言语的传授和教诲，也要注意自身行为的感染力和影响力；既要主动担负起引导学生价值取向的重要责任，发挥其对学生的引领和示范作用，又不能忽视对真理性知识的灌输和传授。

另一方面，其他课程教师也需要进一步加强学习，从书本上学习、领会和掌握马克思主义的基本立场、观点和方法，坚持与时俱进，不断用马克思主义中国化的最新经验和成果来武装头脑，提升自身的思想政治理论水平；还要从实践中学习，深入中国特色社会主义的伟大实践中去，体验党的路线、方针、政策的科学性，提高理论联系实际的能力，找准自己所授课程与主流价值导向的契合点，提升育人质量。

总之，各类课程教师只有通过踏实的理论学习和行为实践，才能从内心深处真正认同马克思主义理论，自觉将培育学生的思想政治道德素质作为育人工作的重中之重。

四、明确协同育人激励机制

充分尊重教师的主体地位，通过物质激励和精神激励等方式鼓励教师重视并投身于协同育人的工作之中，结合对教师的考核评价，将协同育人的举措和成效与教师的职称评定、评先选优及绩效奖励相挂钩，调动教师的育人积极性。在物质激励方面，可以通过设立专项课题，加大经费投入，鼓励思政课教师与专业课和通识课教师交叉合作，在科研和教学中增强协同育人实效；也可以通过项目支持的方式，如成立"协同育人工作坊"，为教师开展协同育人提供学习、培训、交流、备课的场所及物质条件保障。在精神激励方面，高校应注重提高教师对协同育人工作的重视程度，加强宣传，营造良好的育人氛围，鼓励高校教师积极踊跃参与到协同育人的工作之中。另外，对于工作积极且取得丰硕育人成果的教师要给予嘉奖，树立典型，大力宣传优秀的教师育人事迹及优秀的教学案例，激发教师育人的自豪感和自信心。通过有力的激励措施，促使所有教师都能够当好学生成长路上的引路者、指导者和教育者。

五、强化协同育人保障机制

协同育人保障机制主要包括协同育人的激励机制、考核评价机制和监督机制。在保障机制中，激励机制是对协同育人工作的"平行"促进与维护；考核评价机制是对协同育人工作的"反向"评判与考察；监督机制则是对协同育人工作的"正向"推动与落实。三者相辅相成，缺一不可，共同促进协同育人机制能够平稳高效运行。

（一）完善导向明显的激励机制

要增强育人系统工作的协同性，建设思政课程与课程思政协同育人机制，必须加强对育人主体的激励，构建激励机制，以大幅提高育人主体的主动性、积极性，打好育人这项工作的组合拳，优化育人环境，完善激励机制。

一方面，应当将物质与精神两种最为主要的激励方式相结合。物质激励是从个体的切身利益出发，以满足物质文化生活需要为立足点，通过运用物质手段来充分调动个体实现目标以及个体自身进步的积极性，主要包括工资、绩效、奖金或物质性奖品等具体形式；精神激励则是以满足个体精神需求为主要内容，运用有效的方式方法影响和激发个体的精神动力，从而引导个体的行为选择，主要包括公开表彰、荣誉性表彰、树立榜样典型等具体形式。精神激励与物质激励虽然相对独立，但在育人系统中又相互联系、互为补充，尤其是在高校育人工作系统这样一个以强化人的精神力量为目标和内容的工作系统中，要深化精神力量的指引、教导和支撑作用。唯此才能培养出集方向正确、物质满足、品德高尚、道德荣誉与责任担当并重的新型人才队伍。具体来说，就是要在充分了解和掌握激励对象的合理物质需求和精神需求的基础上，在激励方式的选取上注重激励效应最优化的同时也不能忽视文化环境和舆论氛围的感染力和凝聚力。

另一方面，要将个体激励与团体激励相协同。高校协同育人的工作是一项极为庞杂的系统工程，在该系统中很多复杂工作都需要团队合作和协同，因此，要将个体与团体的激励相结合，打造出先进个人和先进集体，以此来激发个体潜力，帮助个体实现其事业目标。在该机制中，要以协同育人为目标，通过运用激励机制提升教育主体的协同育人意识，加强育人主体的互动合作，将协同育人的工作成果作为其考评的依据，对于协同育人工作有突出贡献的或者是表现优异的教师、辅导员以及其他教育工作者，可以在评优评奖、评先评职称等方面给予优先和奖励，并且在校园中表扬先进、宣传先进事迹以形成良好的育人氛围。

（二）建立科学的考核评价机制

评价是教育发展方向的指挥棒，课程思政的建设发展也需要评价来进行正确的指挥。要想判断各高校课程思政的实效性如何，就必须弄清楚课程思政建设的评价问题。而当前，高校仍缺乏系统、完善的课程思政评价体系，课程思政的评价工作是碎片式、随意化的，使得学校课程思政实效没有获得合理科学的评价，不利于课程思政的实施。因此，建立健全多维度课程思政成效考核评价体系，是提升其实效性的难点。

1. 合理确定课程思政成效考核评价主体

在整个课程思政育人环节中，需要所有相关人员发挥应有作用，通过管理活动和教学活动开展课程思政工作，形成叠加效应，共同推动协同育人。不难看出，课程思政的协同育人工作本身极具复杂性和复合性、育人对象具有多样性和特殊性等特点，我们很难确定学生的知识技能、情感态度、价值观与世界观的提升与变化是由哪一个环节带来的，无法客观地进行成效考核评价。因此，合理确定课程思政成效考核评价的主体就显得非常必要了。多维度的成效考核评价是指依赖于不同视角对开放的、多元的主体进行评价，以保证评价结果是精准的、有效的、全面的。因此，要从课程视角、教师视角、学生视角、管理视角来合理确定评价主体。

第一，从课程视角开展课程思政成效考核评价，其主体应包括课程的开发团队、课程思政的专家、课程管理的负责人、思政教师、非思政教师、学生等。

第二，从教师视角开展课程思政成效考核评价，其主体应包括优秀师资团队、优秀教师代表、教学管理人员、思政教师、专业教师、公共课教师、学生等。

第三，从学生视角开展课程思政成效考核评价，其主体包括各科任课教师、思政教师、学生、班主任、辅导员、同班同学、家庭人员、用人单位等。

第四，从管理视角开展课程思政成效考核评价，其主体应包括学生处、教务处、党办秘书、教学秘书、教学督导、辅导员等，这些评价主体需要进行自我评价，也要进行互相评价。

细化来看，高校管理人员作为评价主体，在课程思政实施的统筹规划上起着核心作用，管理视角评价主体从上至下涵盖各个部门的管理人员；思政教师作为评价主体，在推进课程思政工作的过程中，更需要提高对自己的要求，发挥思政教师的带头作用；非思政教师作为评价主体，要对课程思政实施格外上心，要根据学科专业特点和学情状况做好教学设计的评价方案，其评价对课程思政的实施具有重要参考性；辅导员是最了解学生的教师，辅导员作为评价主体，比其他教师更能准确判断学生思想政治素养的变化；学生作为评价主体，能最直接地体现课程思政的实践情况，最明显地反映课程思政的育人实效性。

2. 科学设定课程思政成效考核评价标准

课程思政实效性的成效考核评价标准要区别于传统思想政治教育评价标准。成效考核评价标准作为整个评价过程中的主要依据，是课程思政实效性评价的尺度和基准，评价标准是否科学合理是判断课程思政实效性的关键因素。虽然课程思政的评价标准是一个相较隐性的概念，但设定起来并不抽象，要以学生的思想政治素养得到发展与提升为基点，从课程、教师、学生三个层面展开。

首先是关于课程的成效考核评价标准，要注重建设性。该标准应包括课程思政目标、内容、实施过程等维度。课程思政目标标准要明确是否突出了学生情感、态度、价值观目标的实现；课程内容标准要明确是否以思政元素为重要载体，是否符合学生身心发展的特点；课程实施过程标准要明确是否达到了显性教育和隐性教育的结合。

其次是关于教师的成效考核评价标准，要注重发展性。该标准包括教师的教学态度、教学方法、课程设置、课程开发、教学效果、教师行为等。教学态度标准要明确教师是否接受了课程思政理念并积极贯彻落实；教学方法标准要明确教师是否通过"润物细无声"的教学方法影响学生的思想政治素养；课程设置标准要明确教师是否对整个学期的课程有详细的计划；课程开发标准要明确教师是否重视课程思政的创新和资源获取；教学效果标准必须明确教师是否对自己的教学有足够的了解；教师的行为标准必须明确学生是否受到了良好的综合素质和人格魅力的影响。

最后是关于学生的成效考核标准，要注重主体性。该标准包括知识标准、能力标准、素质标准等。知识标准要明确学生是否在学习过程中取得了应有的知识；能力标准要明确学生是否在学习过程提升了综合能力；素质标准要明确学生是否在学习过程中提升了综合素质，最终实现了"立德树人"目标。

3. 系统构建课程思政成效考核评价指标

只是科学制定课程思政成效考核评价标准是不够的，还需进一步将课程思政的成效考核进行量化考评，而要进行量化考评，使得课程思政成效考核评价工作有据可依，就需要系统构建课程思政成效考核评价指标。评价指标是进行评价活动的逻辑前提，是对课程思政育人活动的实践回应，是衡量高校课程思政育人实效的客观尺度。因此，在建立健全多维度课程思政成效考核评价体系中，系统构建成效考核评价指标是极其关键的步骤。在系统构建成效考核评价指标时，在遵循整体完备性、可测性、操作便捷性、发展性的同时，还要注重评价的特色指标。虽然评价指标需要一个统一的标准尺度，但在高校特色化发展的今天，高校课程思政实施工作也要突出其特色之处。如果不注重或者淡化对课程思政育人特色的考察和评价，没有特色指标的制定，就阻碍了课程思政实施的特色之路。评价指标包括一级指标、二级指标和三级指标。在构建指标体系时，需要明确一级指标是否可以包含二级指标，二级指标是否可以包含三级指标，评价指标和标准的语言表述是否正确合理，指标的权重是否分配合理，指标是否具有可操作性等。课程思政评价指标是从学校、课程与教学、教师、学生、课程思政特色建设这五个维度构建的，指标随学校的类型、课程性质、学科特点做出对应的调整。

（三）完善紧密相随的监督机制

监督机制是能够规避协同育人工作的实施偏差并及时修补漏洞以保障协同育人机制顺利实施的重要手段和环节。完善监督机制，有助于保障协同育人机制的顺利实施和育人质量，实现高校协同育人工作的自我完善与自我优化。

一方面，要与实施机制相配合，将事中与事后这两种监督相贯穿。事中监督，是监督机制中最关键的环节，指在具体实施协同育人工作的同时，开展与之相协调的监督活动，主要监督日常育人的实施情况，协同环节或内容是否科学，精细目标能否按计划实现，如若发现问题可以及时进行分析、纠错和补救。事后监督是对事中监督的补充，要通过检查以及惩治的方式对于较为典型的问题进行修补和完善，以保证后续的实施不会出现类似的问题。只有将二者相结合，才能保证协同育人机制的实施始终在既定和可控的范围内。

另一方面，高校要加强相应监督制度的建设，将外部与内部这两大监督方式相结合，是对监督机制进行完善的必要环节。在高校中，教育主管部门检查学生工作部门对于学生的管理情况、规范情况并且直接监督学生的纪律和行为；高校主管思政工作的校领导主要监督思想政治教育职能部门，监督相关部门对于工作的落实情况；学生思政工作相关职能部门监督各个学院思政工作部的开展工作情况，学生、教务处、教研室监督教师的课程协同情况。高校要从制度层面落实监督工作，促使协同育人系统中各个部门的所有成员能够按岗位职责和制度完成任务，促使这些成员能够从学生的全面发展出发，学好、遵守好、运行好制度。在外部监督的同时，个体也要做好自我监督的工作，提升自我监督意识与能力，做到时时刻刻自省。只有将内外监督相结合，才能从根本上将监督机制贯穿于协同育人机制实施的始终，才能提高育人主体的履职尽责彻底性、协同育人工作的合规律性和实效性。

第七章　高校课程思政实施的机制和路径

课程思政是思想政治教育领域的有益探索，具有重要的政治意义和战略意义。针对课程思政实施中存在的一系列问题，高校应遵循协同性、融入性、联动性原则，围绕提升专业课教师课程思政能力、完善课程思政教学建设、推进全方位协同育人等环节来实现全程育人、全方位育人、全员育人。本章分为高校课程思政实施的体制机制和高校课程思政实施的行动路径两部分。

第一节　高校课程思政实施的体制机制

一、动力机制

（一）教育体制改革的牵引动能

课程思政所构建的是国家意志在高等教育中的表现，也是全面深化教育综合体制改革的行动呈现。课程思政的实施与建设是不可回避的历史使命，是高校实施素质教育、落实立德树人的根本任务、创新育人方式的实践探索。课程思政的实施要在教育体制改革的牵引下，破除各种体制机制障碍，最终实现教育公平和人才的高质量培养。

1. 高等教育内涵发展的要求

首先，人才培养是高等教育的核心工作，课程思政应探索适应自身特点的培养模式，不断提高人才培养水平，培养出适应社会需要的应用型、创新型人才。

其次，先进的教学科研思想是教育改革的先导。要实现同向同行的课程体系改革，必须把思想政治教育放在高校课程育人工作的首位，鼓励教师创新教学方法，在课堂教学中培养学生的爱国情怀和社会责任感，将社会主义核心价值观内化于心、外化于行。

最后，"课程育人"的发展如果没有引导，那么高校学生的意识形态是走向自发的，是不可预测的。专业课程、通识课程中涉及的思想政治教育内容不是简单灌输，而是需要引导和潜移默化地去影响高校学生的内心想法，这就要求思想政治教育方式方法的创新。对于学校来说，必须有专门人员和一整套的体制机制来把握思想政治教育的全局，这就决定了课程思政是一个大型的系统工程，需要成体系地进行推进。

2. 高等教育人才培养的目标驱动

教育体制改革创新发展是时代进步的不竭动力，更是教育发展的时代主题。新时代教育改革对促进社会进步和人的全面发展提出了新要求。人才培养的根本任务是立德树人，在专业人才培养中实施课程思政，是帮助学生均衡优质发展，培养他们的社会责任感的举措。

当前，高校专业教学、通识教学中比较注重对学生知识和实践能力的培养，忽略了对学生价值观和理想信念的引导。因此，高校需要系统化地去落实，将课程思政改革作为课程教学的使命和责任，应当在实施的过程中将具有时代感的正能量引入课堂，使显性教育和隐性教育互融互促，放大思想政治教育的鲜活性，培养学生的家国情怀。

（二）队伍建设的激励动能

各类课程教师是高校落实课程思政教育改革的主体力量，加强队伍建设要形成完善的师资培养机制和激励约束机制。

1. 以岗分类的师资培养机制

合理的岗位分类是高校教师培养机制创新的前提。按照分类设岗、分类聘用、分类考核、分类评价的标准，在专业技术岗位体系中，按照教师对教育教学、科学研究和社会服务三类职业规划倾向，设立"教学型""科研型"和"社会服务型"三种岗位。根据所聘岗位职能的不同，将教师分为教学型教师、科研型教师、社会实践型教师。

教师的政治素养与业务水平直接影响着思想政治教育的质量。因此，高校应重视教师思想政治教育与管理能力，加强师资队伍建设，形成布局合理、层次结构分明的师资培养机制，培养出高素质、高水平、能力强的教师。教师需要优化教学模式，提高教学质量，对教学内容进行有效的筛选。在课程思政实施的过程中，教学型教师以课堂教学任务为主，考核评价将突出对德育内容嵌入课程教学的成效以及业绩，侧重于对教学过程、教学改革、教学服务等方面进行考核，构建合理的绩效工资管理制度。科研型教师如申请涉及课程思政方向的理论研究成果，学校要出台相应的劳动补偿激励机制。对于社会实践型教师，应将为学生提供心理咨询、参与学科竞赛辅导等育人实践成果转化为业绩。

2. 多学科协作的教学动力机制

在教学中形成优势互补及双赢的合作机制，构建思想政治理论课与多学科协作教学运行机制是课程思政教学改革手段。通过各院系多学科的深度协作教学，能拓宽专业课的知识领域，提高高校人才培养的质量。同类学科间要建立资源共享的教学平台，形成互利互惠的双赢局面，做到政治教育与专业知识相融合、显性教育与隐性教育相贯通，实现思想政治教育在教育形式上从"专人"向"人人"转变，内容上从单一向多元转变。

在运行多学科协作教学运行机制的同时，还应建立激励约束机制。多方调动协作教学的积极性，侧重教学过程和教学效果的专业性评价评估，以思想政治教育元素为参评的重要内容，激励教师积极主动地对思想政治元素进行掘和运用，并转化为课堂知识传授给学生。加强专业课程、通识课程教师的政治水平，建立健全师德建设长效机制实施细则，落实"师德一票否决"制度，形成合理流动、有序竞争、激励先进的机制。在职称评审、教师资格认定等工作中不断完善职称评审制度和标准，将考核指标转向以教学质量为重，实行岗位的动态管理。

3. 健全教师聘用、培训和发展机制

（1）公开招聘教师时加强对课程思政能力的考核

在教师选拔上，学校要严格执行公开招聘、公平竞争、择优录取的招聘原则，为高等教育事业发展储备优秀人才与新生力量。在我们的招聘考核中，传统考核方式多以考核应试者的专业技能和师德师风为主，基本上未考虑应试者的课程思政能力。在新时代背景下，对新进教师的招聘考核录用，应加强对课程思政理念和能力的考核，无论是说课还是试讲，教学设计都应凸显知识目标、能力目标、素质目标和价值目标的统一，还应考察应聘者是否将爱国主义、家国情怀、社会主义核心价值观等思政元素有效地融入了课程内容之中，是否做到了育人润物细无声。

（2）完善教师课程思政培训机制

课程思政的有效实施离不开专业、团队、课程、教材和教案，其中，专业是依托，团队是主体，课程是核心，教材和教案是载体。因此，可以有计划地安排专业课任课教师参加课程思政示范专业、课程思政示范教学团队、课程思政示范课程建设培训班和研讨班,让任课教师学习和领会课程思政的内涵,增强课程思政意识,提高课程思政能力,拓展课程思政思路,思考自己所承担课程的课程思政目标、路径,进而在课堂教学中自觉开展课程思政,更好地达成立德树人的人才培养目标。

二、监督机制

各门专业课程都蕴含着一定的价值观资源,都具有鲜明的价值取向,需要强化主体的思想政治教育能力,需要教师引导学生去发现和认识。强化课程思政的育人价值,凸显社会主义核心价值观的引领作用,要引导学生从"知识层面"走向"价值层面"。科学监督各门专业课程中"思政元素"的融入情况,使得专业课程、通识课程的价值资源被充分挖掘出来,才能让思想政治教育理念在各学科中"发声"。

(一)资源整合,监控教学运行管理质量

通过整合多学科的教学力量和教学资源,将课程思政的实施过程形成抱团效应。实践创新要以理念创新为先导,高校管理部门要走在教育教学改革的前列,解放思想、开拓创新,冲破陈旧的观念、思维方式和工作方式的束缚,将上级的决策、其他院校的成功经验和本校的实际情况相结合。

形成思想政治教育嵌入教学管理的机制。在监督机制方面,高校党委要肩负起主体责任,其他各层级、各学院要自上而下切实担负起领导责任和落实责任,将课程思政课程体系建设落到实处,将"同向同行、协同育人"体制机制作为高校提升内部治理能力的重要环节。高校应重视课程思政的资源开发,重点扶持马克思主义学科的发展,党委书记、校长要深入教学一线指导并参与课程思政的实施,将其内涵建设与外延发展充分结合。在教学管理方面,高校教务部门要落实好人才培养方案的制定、学科建设以及教材的选定,探索人才培养的新模式,加强教学管理的规范化、制度化。高校要构建马克思主义理论学科对哲学社会科学学科建设的引领,在课程思政的实施中建立协同创新机制,形成标准化、科学化的管理办法。强化课程思政责任意识,在实际的课程设置及课程教学过程中形成文化自觉。教师本人要自我教育、自我完善,在"育人"的同时"自育",达到教学相长的效果。

(二)协同合作,融合课程特色优势

建立协同育人的能动效应,应充分利用各方育人资源,加强思想政治理论课教师与其他课程教师之间的互相督促、交流和借鉴。教师要根据大学生的成长特

点，掌握多学科、多领域的相关知识和信息，增强课程的亲和力与感染力。课程思政实施是一个大型的系统工程，需要高校内部各主体之间的相互配合，进行资源整合，成体系进行推进。课堂教学主体要适应课程思政与专业课程、通识课程同向同行的目标要求，发挥科研引领教学的作用，鼓励其在教学科研工作中体现课程思政的理念。通过定期的协同备课，增进思想政治理论课与其他各类课程教师的沟通交流，形成知识互补，增进感情，做到相互理解。此外，高校还应该完善教学组织管理，定期开展教学比赛，采取集中观摩公开课等手段，注重典型示范和榜样塑造，以先进带普遍、以局部带全域，进一步促进教学主体的深入参与，调动教学主体的积极性。

第二节　高校课程思政实施的行动路径

一、强化课程思政的育人理念

强化课程思政育人理念是高校提升课程思政实效性的重要前提。我们要科学认识并践行课程思政工作，以"立德树人"为根本任务来把握育人高度，以"三全育人"为基本原则来优化育人环境。

（一）以"立德树人"为根本任务

"立德树人"是新时代高等教育的总体定位及其根本要求，人才培养最大的期许是将"育人"与"育才"有机结合。要想"育好才"，首先要"育好人"，而做好"育人"工作的首要任务就是"立德"。课程思政理念的提出，是培养新时代全面发展的人的内在需要，是对课程价值引领的中国化阐述。基于此，高校应将"立德树人"的根本任务落实、落细，重视人文立课对新时代大学生进行思想价值的引领作用，鼓励全体教师将"教"与"育"相结合，对学生进行爱国主义精神、工匠精神等的教育，帮助学生树立正确的"三观"，使学生成为社会主义核心价值观的自觉践行者。同时，教师应继承和创新中华优秀传统文化，用自己的政治情怀和人格魅力去影响学生，从而打通思政教育与非思政教育之间的障碍和壁垒。

（二）以"三全育人"为基本原则

在社会主义建设的时代背景下，高校思想政治教育工作需要贯彻"三全育人"

的德育理念，充分理解其基础在于"合"、出发点在于"人"，实施核心在于"全"，并且要突出"协同育人"这一落脚点。而课程思政作为新时代所推出的高校思政教育理念，取代了传统以思政课为主导的思想政治教育方式，以课程为载体，将思政教育"如盐入水"般融入课程实施的各个环节，以实现立德树人的最终目的。可见，两者的关系是紧密相连、不可分割的。

"三全育人"是课程思政取得建设实效的重要手段，而课程思政建设是"三全育人"能够落实到位的重要举措。高校要进一步强化课程思政的理念，就必须以"三全育人"为基本原则，优化高校这一育人"主战场"的环境，引导学校全体教师、管理人员、学生参与其中，将思政教育融入课程教学、党政管理、制度建设、实践活动、校园文化等各个方面，强化课程思政的隐性功能，最终构建出一个契合时代发展要求的全员、全方位、全过程的大思政格局。

二、优化课程思政资源的开发过程

（一）明确课程思政资源开发的目标

高校课程思政资源开发目标是课程思政资源开发的落点与归宿，奠定了课程思政资源开发的基调，引领着高校课程思政资源开发后续工作的总体方向，目标不同，立脚点则不尽相同。因此，开发课程思政资源的首要工作是要确定好科学性、体系化的开发目标，这样才能为课程资源开发的内容选择、教学评价等提供路线与准则。

在设定高校课程思政资源开发目标时，要注意四个主要依据：第一，要始终紧跟国家对课程思政目标的指引和方向，围绕《高等学校课程思政建设指导纲要》给出的六个目标维度展开；第二，目标设置还要考虑与社会发展对人才提出的条件与要求相契合；第三，要全面细致地研究分析高校学生的身心发展规律、个性特点以及兴趣所在；第四，要立足于高校特色、专业特色、学科特点、课程内容等方面，从而使确立的目标更加科学合理。目标的确立具体可从以下两方面进行。

1. 落全落细课程思政资源开发目标维度

明确全面具体的课程思政资源开发的目标维度，能够有效避免目前资源开发出现的盲目性、随意性等现象，使高校课程思政资源开发有理有据，且能提升其逻辑性。因此，本书紧贴时代精神与社会发展需求，以《高等学校课程思政建设指导纲要》中的目标维度为基础和指导，结合专业特点，将高校课程思政资源开发目标归纳为三个层次的维度：第一，以家国情怀为根基，增强学生对党和国家的政治认同，强化对其社会主义核心价值观的培养，筑牢"四个意识"与"四个自信"，培养塑造中国精神等；第二，以培养个人道德修养为基本，要求学生遵守公民道德的基本规范，提高学生的文化素养与人文素养，培养学生的法治意识，以及科学探索精神、创新创业能力等；第三，以培养职业素养为特点，从各专业、各学科特点所需出发，培养学生相应的职业精神以及不同职业、不同专业所需的带有鲜明特点的职业习惯、职业行为、职业道德和职业意识等。

2.课程思政资源开发目标设置体系化

体系化的课程思政资源开发目标能解决各专业课教师在设置课程思政资源开发时"各自为政"以及重复浪费的问题，大幅提升课程思政资源开发目标的规范性、精准性、关联性和协同性，有利于协同育人取得圆满成效。按照"专业—专业课程—单次课"分级确立课程思政资源开发目标，使目标设置系统化、体系化。

首先，由学校课程专家、思政教师代表、专业负责人及专业课教师代表等共同探讨，在充分考虑本专业特征、课程分配以及专业人才培养目标特色的基础上，形成与本专业相契合的课程思政资源开发总目标或目标框架。

其次，由专业负责人、专业课教师以及思政教师代表协同合作，围绕专业总目标或目标框架，结合各专业课的不同课程类型、所包含的专业知识内容以及在整个专业培养中的作用与定位，梳理不同专业课程的课程思政资源开发目标的侧重点，确定具体专业课程的课程思政资源开发目标内容。

最后，专业课教师们相互交流、共同合作，依据专业及专业课课程思政资源开发目标，考虑各堂课专业知识自身的课程思政负载力与契合度，结合实际学情，设定各次课的课程思政资源开发目标。高校在专业课程思政资源开发总目标的统摄下，通过不断地实现单次课的课程思政资源开发目标，从而达成全方位、全功效的课程思政资源开发。

（二）拓展课程思政资源开发的途径

在明晰高校课程思政资源开发原则、明确课程思政资源开发目标的基础上，筛选怎样的课程思政资源就不再是难题，关键就在于通过哪些途径来获取、落实这些资源。而思政教育的内容或资源存在无限性、广泛性、实践性以及时代性的特点，这就决定了课程思政资源形态丰富、类型多样，与之对应的开发途径必然也是丰富多样的。因此，高校课程思政资源开发应该拓展其开发途径。

1.深度挖掘教材中的思政资源

即便随着课程改革、观念更新与技术进步，专业课教材已不再是最重要的物质资源，但教材的地位与作用仍不容忽视，在高校课程思政资源开发工作中，必须扭转当前脱离教材的现状，重视教材这一最基本的课程资源，深度挖掘、开发教材中的思政元素。专业教师必须吃透教材，要对每一处教材内容都烂熟于心，只有这样专业课教师们才能更加敏锐地发掘教材本身蕴含的思政资源，并在充分明确课程思政资源目标的基础上，合理拓展、增添与教材内容高度适切的思政元素。同时，克服教材内容滞后、无法满足时代性需求的缺点，在尊重现有教材内容的基础上，补充、更新实时信息和时政内容。

2. 积极开发课程思政主体资源

没有课程资源的支撑必定无法取得好的课堂效果，但有课程资源也不意味着一定能够取得好的收效，因为教学效果不光在于物质的支撑，更取决于人的因素，即主体资源是达成课程思政资源开发理想成效的重要因素，是课程思政资源的关键部分。专业课教师与学生则是在高校课程思政资源开发中重要的主体资源。

（1）充分开发教师资源

专业课教师不只是进行课程思政资源开发的中心，还是课程资源的载体。其本身的人生阅历、人文精神、文化品德、价值观念、职业素养、专业优势、思维方式、行为举止等都是丰富的课程思政资源，都会潜移默化地影响学生，因此，考虑教师自身的各方面素质与表现是关键且有效的开发途径。

（2）合理开发学生资源

"以人为本、重视学生主体性"本就是高校应秉持的教育理念，作为重要的课程思政资源和课程思政资源开发的参与主体，则更应在高校课程思政资源开发中对学生资源进行积极的开发。学生的兴趣、特点、生活经历、认知状况、学习方式、思想意识、情感态度及"三观"等均是最鲜活的课程思政资源，比如开发学生的生活经验、开发学生的兴趣爱好、开发学生的个性品质等。同时，学生是课程思政资源开发的参与主体，专业课教师要注重对其主动性和积极性的调动，发挥好这一人力资源的重要作用。

3. 灵活开发生成性资源

生成性资源转瞬即逝且无法重复，却能对学生造成更为深刻的影响，对促进目标的实现有出乎意料的效果。因此，课程思政资源开发过程中必须高度重视且敏锐感知生成性课程思政资源，并灵活开发。高校可以通过设计问题情境开发生成性资源，在实际教学情境发展中发掘动态资源，在师生互动中开发生成性资源。

总之，要想有效达成课程思政资源开发的理想目标，提升高校课程思政资源开发的水平与效益，走出当前课程思政资源开发的困境，就需要拓展开发途径，使一切可兹利用的元素成为课程思政的内容来源。

（三）挖掘运用协同育人课程教学资源

实现高校课程思政与思政课程协同育人，不仅要充分挖掘各个学科所蕴含的思想政治教育资源，而且还要善于在思政课程中运用专业元素，并将思想政治教育与专业教育有机衔接，正确认识教学内容，构建"课程共同体"。

1. 充分挖掘各学科思想政治教育元素

推进高校课程思政与思政课程协同育人建设，各类课程要充分挖掘蕴含的丰富思想政治教育资源。各高校要教育引导学生正确认识世界和中国发展大势；正确认识中国特色和国际比较，全面客观认识当代中国、看待外部世界；正确认识时代责任和历史使命；正确认识远大抱负和脚踏实地。高效要以立德树人为目标，从上述四个层面对各类课程的思想政治资源进行挖掘整合，将智育与德育结合起来。

专业课教师要立足本专业课程，深入分析课程的专业特点，系统梳理专业课程中的思想政治教育资源，找准可以与思想政治教育相结合的知识点，精心设计教学活动，巧妙地将专业知识与思政内容相融合。一方面，可以依据不同学科和专业的特点来深入挖掘思想政治教育元素。例如，自然科学类专业许多课程中的概念和原理都包含着辩证唯物论，运用得当可以引导学生树立正确的世界观和方法论。生物的专业课教师，在讲解到"蛋白质"这一课程的时候，可以联系轰动一时的三聚氰胺"毒奶粉事件"，引导学生树立正确的世界观、人生观、价值观，增强社会责任感。人文社科类专业原本就具有鲜明的意识形态特征，以法学为例，在推进全面依法治国的战略背景下，培养"德法兼修"的高素质法治人才，引导学生树立社会主义法治观，坚定社会主义法治信仰，是法学和思想政治教育的共同追求，将法学与思想政治教育有机结合，可以实现二者的双赢。另一方面，可以从专业课程培育学生的职业素养和能力方面入手来挖掘思政资源。专业课程中所蕴含的科学精神、人文精神等都会是学生人生中的宝贵财富。

2. 思政课程中充分运用各学科元素

马克思主义学院、马克思主义理论学科是进行研究宣传和人才培养的坚强阵地，具有开展思想政治教育的独特的专业和学科优势。思政课教师具有扎实的马克思主义理论基础，将思想政治教育融入教学全过程，必须充分发挥好思政课程的协同引领作用。但是，当前思政课程中存在生搬硬套与课程有关的思想政治教育元素的现象，导致思政课不够生动、不够有吸引力，因此需要对思政课程进行改革创新，改进教学方法，才能充分发挥思政课程的课程优势。高校要结合时代发展的特点和当前社会的现状，将新方法、新观念融入思政课程当中，给思政课程注入新的活力；还要将思政课程教学中好的做法和经验推广到课程思政的教学中，为课程思政的教学和教师提供参考，从而带动和引领课程思政的改革发展。

学科交叉是现代科学发展的一个显著趋势，思政课与生态学、法学、经济学、哲学、历史学、教育学等都有重合之处。思政课教师要结合各专业特点，深入挖掘思政课中所蕴含的专业元素，避免思政课过于空洞，增强思政课教学的获得感。

3.思想政治教育与专业教育有机衔接

高校的根本任务在于立德树人，要时刻坚持以德育人、以文化人。专业教育最初的目的是通过系统讲授某一学科专门知识，使学生掌握一定的专业知识和专门技能，高校一般都是以此出发，把人才培养的重心放在专业教育上。推动课程思政实施，必须将思想政治教育与专业教育相结合，二者的有机结合能够对高校思想政治工作进行有力补充。一方面，要深入挖掘高校各类课程中所蕴含的育人资源，另一方面，思想政治理论课的教学中也可以加入专业课程的案例讲解。此外，还可以通过编写课程思政的教材来实现思想政治教育与专业教育的有机结合。教材是国家意志的体现，是专业课教师进行课程思政的重要参考依据，也是解决培养什么人、为谁培养人、怎样培养人这一根本问题的重要载体，直接关系着党和国家教育方针的落实以及教育目标的实现。要选取一批专业能力强、教学经验丰富的骨干教师参与教材的开发和编写，将思想政治教育资源巧妙地融入课程思政的教材中，尽量避免出现脱离实际的、晦涩难懂的"空话""大话"等，在教材中增加含有时事元素的鲜活事例，使学生在教材中增强获得感。课程思政的教材还要合理安排好教学目标、教学计划等，保持与思政课程教学同频共进，可以加强巩固思想政治教育的效果。面对不同的专业课程，教学方案、内容、案例等都应该是不同的。在教材编写的过程中，要将专业课程知识背后的资源、价值以及思想精神等深入挖掘出来，例如，医学类课程的医者仁心、救死扶伤的精神，师范类课程中无私奉献的大爱精神等，都富有极强的感染力。在专业课教学与思想政治教育中找到共通点，可以有效提升课程思政的实施水平。

(四)创建网络课程思政资源库

课程思政资源类型丰富、分布广泛，专业教师个人所知悉和能接触的思政元素毕竟有限，加之专业课教师自身还会受实践与精力的限制，因此，他们是无法实现对课程思政资源全面细致的研究、挖掘与开发的。构建课程思政资源库有助于节省教师的开发实践，避免教师对已有资源的重复开发，并且能在一定程度上解决课程思政资源分散、隐蔽的问题。以网络为载体，建立课程思政资源库可从以下两方面进行：

1. 建立学校层面的课程思政资源库

由课程思政资源开发的专项组织牵头，对收集的相关优秀案例、思政元素进行价值评估，遵循课程思政资源开发原则，并综合考虑专业课程的特点与培养目标的内容，实施相应的开发、加工、梳理和整合，并按照不同的内容与性质来分门别类、立卷归档，建立由课程层级资源和专业层级资源构成的、涉及学校所有专业的课程思政资源库。另外，要注意对资源库的管理与实时更新，并以此加强校际资源的共享与交流，吸收精华，丰富学校自身的课程思政资源，实现思政资源的实时共享与动态优化。

2. 构建教师层面的课程思政资源库

教师可以将自身已经获取的思政资源，包括教学过程中发掘的素材、自身学习收获的内容、与同事交流获得的资源等进行分类、整理，通过云盘等形式建立系统清晰且独具特色的个人资源库，同事间相互交流和完善，从而方便日后对课程思政资源的运用，减少资源开发的时间成本，也对专业课教师自身的能力提升和专业发展有重大意义。

三、完善课程思政教学体系建设

（一）优化教学内容建设

教师课堂的育人效果不但取决于教师自身的育人意识和能力，而且取决于教师对教学内容的领悟以及对课程思政教学内容供给的选择。教师对自身教学内容的深刻领悟是教师深挖课程思政元素的基础，是正确选择课程思政供给内容的来源，同时也是教师将教学内容与思政内容有机结合的重要一环。课程思政内容供给是以教学内容为基础，以知识点传授为目的，紧密与教学目标相结合的有机统一过程。挖掘课程思政元素，优化教学内容供给，是课程思政实施取得成效的关键。

课程思政实施是教师依据教育目标、教学环境、教育对象等具体情况对多元庞杂的思政元素进行加工重组、整合优化的过程。在这一过程中，教师需要做到"四个结合"。

1. 坚持科学性与思想性相结合

科学性是指课程思政传递内容的科学性，保证内容科学性是实施课程思政的前提。在课程思政实施的过程中，深挖的思政元素必须遵循马克思主义基本理论、符合时代的价值取向，不违背科学，不与真理相违背。

思想性是指专业课程内生的思想性。优化课程思政内容供给，需要结合专业课程特点挖掘其内生思想，脱离课程内容牵强附会融入课程思政不仅不能起到良好的育人效果，反而影响学生学习的积极性。

2. 坚持超越性与现实性相结合

超越性是指课程思政内容应着眼于长远目标。课程思政作为一项为党育人、为国育才的系统工程，需要根据社会发展愿景选择具有超越性、进步性，体现较高道德境界的内容，要把实现中华民族伟大复兴的"中国梦"、共产主义理想作为引领全体人民的价值追求。

现实性是指课程思政要着眼于社会发展的现实需求，选择具有现实性、适应性，与时代特点相吻合，体现基础性道德水平的教育内容。

3. 坚持民族性与世界性相结合

民族性是指课程思政要大力弘扬民族特色文化和优秀传统文化。在漫长的历史发展过程中，我国形成了博大精深的优秀传统文化，为课程思政的实施提供了丰富的教学资源。

世界性是指要积极吸收符合我国发展的世界先进文化。课程思政内容供给理应是一个开放包容的系统，吸收借鉴国外先进学术文化成果，对待国外文化要始终坚持取其精华、去其糟粕的态度。

4. 坚持案例教学与实践活动相结合

案例教学是指课程思政以案例为载体传递教学内容，潜移默化育人。将课程知识点与案例结合是当前教师普遍采用的教学方式。

实践育人是指通过实践活动，让学生亲身体验活动内容、活动形式、沉浸在实践中，激发学生的创新性思想，从而影响学生的思想和行为。

（二）改进教学方法

课程思政的显著特点是渗透性，侧重于隐性思想政治教育，在教学方法和手段上对教师的要求更高，传统理论灌输的教学方法明显不适用于课程思政教学。因此，教师需要创新教学方法，根据教学任务、教学内容、学生的知识结构与认知规律的不同，选择合适的教学方式，在课堂上有机融入思政内容，潜移默化地对学生施加影响。传统课堂讲授法属于教师主导式的教学方法体系，现在的教学方法则多注重由以教师为中心向以学生为中心转变，注重启发式教学，大多以提问式启发为主，采取问题引导、重在启发、循序渐进、着重讲解的方法，培养学生自主学习与终身学习的能力。

1. 案例分析教学法

无论是文史类还是理工类的课程教学，案例分析教学法都是经常用到的教学方法，从学生感兴趣的案例出发也能让学生易于理解、易于接受。在课程思政中采用案例分析教学法，可以在案例设置上下功夫，把如何解决案例问题作为突破口，把学生对案例本身的关注转移到问题上，防止出现举例教学现象，妨碍教育实效性。教师应把案例分析解决作为知识传授和能力培养的载体，并与思政元素有机结合，实现价值塑造；突破传统的课堂教学模式，设置课程思政案例大作业，提高学生的参与度，为学生提供充足的发挥空间，在不断深入探讨中增强学生的思维能力，加深他们对专业知识的认识与把握；深入挖掘课程思政元素，有机融入教学案例和教学环节，弘扬大国工匠精神，实现立德树人培养目标。

2. 线上线下混合式教学法

该教学模式的优势在于更能增强学生学习的主体性，培养学生的自主学习能力。教师在教育教学中要关注辅助工具的积极作用，如"学习通""钉钉"等学习工具。例如，"学习通"是当前高校线上线下教学较为常见的学习工具，其应用便捷，成为全方位连接教师与学生交流的桥梁，具有单一传统教学不可比拟的优势。教师在课前准备好图片、文档或是思政视频，在软件上推送给学生，供学生课前查看预习、查找网络资源、在评论区讨论，同时把问题反馈给教师；在课堂教学环节，教师根据学生课前反馈的内容和学生的认知水平，灵活开展教学，把握课堂教学节奏，解答疑难问题，使学生在课堂教学中更能集中注意力，积极参与课堂互动，提高教学质量；课后，学生还可以在软件上进行课堂教学评价与自我评价。在课堂教学的各个环节进行沟通交流，满足学生不同层次的需求，使学习不再受制于空间的局限，从而提高教学效果。随着技术与教育的联系日益紧密，线上线下混合式教学法将成为教育教学新常态。

3. 理论与实践结合教学法

我国明代著名思想家王阳明提出"知之真切笃实处即是行，行之明觉精察处即是知"，即对事物理解是否准确可以从一个人的行为中看出来，而行为是否正确也会反过来影响一个人对事物的理解，这句话鲜明地概括出了"知"与"行"二者之间相辅相成的关系。马克思主义的实践观认为理论和实践是辩证统一、不可分割的。如果只讲理论不讲实践或者少讲实践，那么理论就会具有空想性；反过来说，如果只讲实践不讲理论或者少讲理论，那么实践则会具有盲目性。为了使"思政课程"与"课程思政"在人才培养上能够形成良好的协同效应，我们既要重视理论研究教学，也不能忽略实践体验教学。

一方面，加强理论研究教学。高校要多开展马克思主义理论学科与其他学科的交叉研究，专业课教师要创造性地提出一些具有自己学科特色并且能够产生深刻影响的理论成果，定期向思政课教师提供相关的教学参考资料，同时，思政课教师要能够主动地将这些哲学社会科学的研究成果应用于日常的教学之中，以此为思想政治理论课打下坚实的学科支撑。其他各类专业课程应努力探索自身所蕴含的马克思主义理论教育资源，积极探索其中的理论和实践契合点。

另一方面，通过实践体验教学来培养和提升学生的综合素质。在丰富多彩的实际教学活动中，把培养业务技能与锤炼思想道德品格统一起来。通过参加社团活动、勤工助学活动、专业实习以及学校针对大学生开展的就业创业教育活动，进一步提高大学生自我教育、自我管理、自我服务的意识和能力；通过参加社会调研、参观教育培训基地等各类活动，不断提高大学生的创新创造意识、思想道德水平和实践操作能力。

4. 显性与隐性结合教学法

习近平总书记提出，要"坚持显性教育和隐性教育相统一"，这对高校办好"思政课程"，并将其拓展到"课程思政"提出了更高的要求。"思政课程"和"课程思政"虽然在人才培养上具有共同的目标指向，但是二者所侧重运用的教学方法有所不同。

一般来说，思政课程属于思想政治教育的一种显性形式。显性教学是我国高校大学生综合素质教育的主要途径和传统方法，每门课程都应该具有其自身的教学目标、教学内容和教学模式，呈现直观的教育效果。而课程思政是指除了思想政治理论课之外，其他各类课程也都要发挥育人功能的新理念。这种新型育人理念主张通过隐性渗透的方式，间接性地、耳濡目染式地实现育人目的。显性教育是高校思想政治教育的主要渠道，但不意味着可以轻视隐性教育的重要作用。思政课程既要以显性教育为主导，又要着力于提升其隐性教育的作用，增强趣味性和实效性；而课程思政既要利用好其隐性教育的独特优势，强化价值引领，同时也要积极挖掘其他课程和教育方式中所蕴藏的思想政治教育资源，提升其理论性和思想性。总之，坚持显性教育和隐性教育的统一，是完善课程制度、解决好协同育人问题、拓宽育人方式的重要原则。

（三）实施有效的教学策略

在课程思政的教学实施阶段，要采取多样化的教学策略与灵活化的教学方式，适应课程思政多样化呈现形态，在专业课中寻找课程思政实施的有效思路，解决当前存在的机械化问题，进而实现其育人价值。

1. 转化式教学策略

课程思政教学的目标是培养学生的意识形态观念与价值观念，教学效果要依靠学生自身的表现加以体现，课程思政的教学过程应善于运用转化式教学策略。

（1）由知识教学转为生成教师的理想信念

正因教师进行教学的知识是个体性的、默会性的知识，因此这种知识中蕴含的意识形态属性应成为教师个体性的价值理念，成为教师的理想信念。在教师具备的各种素质、能力与人格中，"最为核心的是具备坚定的政治信仰"。教师要坚定不移地践行国家的政策方针，形成体现公共利益、维护公共秩序的认识体系，因此，国家的政策方针所蕴含的公共性价值观念，也是教师个体满怀信心坚定践行的理想。这种意识形态属性是教师个体性信仰的政治规范，形成对国家政治观念、中国特色社会主义理论体系的深刻认同，也生成了教师的理想信念。

教师是课程思政形成与发挥效用的引导者。课程思政发挥的潜隐性育人价值，可以转化为教师的理想信念，进而发挥导向性作用。教师的理想信念代表着其对国家方针政策的遵循与依照，是教师遵循的精神导向，进而对教师的整个实践过程发挥着重要的引领与规范作用。教师形成对马克思主义、对国家政治思想的信仰与遵循，以及将其转化为理想信念，是课程思政教学过程中的重要一环。在教学过程中，教师通过充分调动自身的主观能动性，结合实际情况，对知识与经验进行加工处理，提高自身理想信念的实际应用性，提高课程思政的教学效果，改善学生的学习状况。教师坚信并践行的社会主义道路与共产主义信仰，具备共识性、真理性,是一种公共性的价值与信念,并且发挥着教育性意义与价值。

发挥教师的理想信念的育人效用,就要提高教师对理想信念的践行能力。知识运用于教学实践的过程,也是"对课程知识价值的认识和预测"的过程。而教师在充分认识到课程知识的价值之后,应进行合理且充分的运用,切实实现育人目标。

意识形态属性是课程知识的本源性价值属性,因此教师应充分发挥自身的主观能动性,将这一意识形态属性转化为自身的理想信念,并付诸实践。教师要践行理想信念,将其落实于社会发展实际过程之中,扎根于现实实际。教师既要善于分析问题、解决问题,形成敏锐的问题意识,又要提高自身实践能力与操作能力,善于采用灵活多样的教学方法,运用教学技术、教学手段与教学媒介,拓宽理想信念践行的方式。教师要善于自我反思与总结,形成体系完备、目标明确的教学思路,实现价值观培养目标,更好地发挥其育人效用。除此之外,发挥教师的理想信念的作用,还要求教师提高自身的责任感,明确自身的使命与职责。高校要建立与健全教师参与的评价与监管制度,形成一个"民主、自由、合作、开放的组织",用以保障教师参与课程评价;要完善对教师的职责规定,提高教师的积极性与主动性,为教师参与教学提供外部保障力量。

(2)应将知识掌握目标转为养成学生的意识形态价值观念

对学生而言,教师要在所有课程教学过程中实现的对学生进行思想政治教育的目标,就是要求学生形成对马克思主义、社会主义与共产主义的坚定信仰,要求学生同样养成理想信念,形成对政治性价值的情感认同与理性认同。因此,在这一过程中,教师将自身形成的理想信念传达给学生,实现课程育人的任务,对学生培养目标的制定发挥导向作用。课程思政能够实现对学生的价值观塑造目标,培植学生的价值理性,使学生明辨是非对错,坚守真理,不忘初心。课程思政要培养学生的政治理性,使学生深刻理解公平与正义的内涵实质,引领学生树立公民意识,认真对待公民角色的义务与使命,勇于担当;使学生能够遵守共同规范,理解并遵守契约精神,内化并树立理性的价值认识。课程思政要引导学生坚定并发扬理性的法治理念、坚定的职业理想信念与职业精神,完善自身的价值理性;引导学生规范自身的认识与行为,树立正确的价值观,形成正确的价值认知,进行合理的价值判断,培养学生进行价值判断的能力,形成对事物的客观认识。

2.情境式教学策略

情境式教学是指教师通过多种方式,创设性地构建情境,让学生在积极参与的过程中，完成教学目标的一种教学方法。情境式教学通过创设与学生生活相关的情境，带领学生在情境中体验与思考，在学生的积极参与中传授知识、培养能力。

由于课程思政的表现形态具有潜隐性特点，高校课程思政主要以隐性的方式体现其育人价值，因此，课程思政的教学不应局限为知识的传授、技能的指导，而应强调学生个体的品德与价值观的养成。课程思政教学过程应注重采用情境式教学策略，注重情境的塑造作用与熏陶作用。

（1）应构建课程思政课堂教学环境

课堂是教学的主要环境场所，课堂空间中环境的整体布局与设计、相关物品的摆放等，承载并体现了布局者的主观意图，也能表达特定的价值内涵。构建课程思政课堂教学环境，能够增强文化与价值观的渗透，增强学生对文化与价值观的感知与认同。由于个体心理与环境作用密不可分，因此，学生在长期的课程思政环境塑造下，形成了自身心理认知与环境的交流，从而更利于学生自身主观能动性的发挥。构建课堂教学环境，是进行课程思政教学的重要环节。高校要构建课程思政教学的课堂环境，培养学生以正确的、理性的观念构建集体纪律，规范彼此的日常行为。高校要挖掘课堂物理环境建设的价值，加强课堂教学环境的立体化、场景化构建，这是发挥课程思政育人价值的重要方式。

（2）灵活运用传统文化资源

课程思政教育要善于挖掘红色育人资源、深入挖掘中华优秀传统文化资源，继承革命优良传统，使红色基因渗进血液，例如，英勇斗争精神、无私奉献精神、革新精神、脱贫攻坚精神等。教师要规范化选择与组织教学资源；要以正向的价值为课程教学资源开发的根本遵循；要发挥政治性质的指导、规范与指向作用；要以核心价值观念的养成为甄别教学资源的要求，控制资源的选择范围，引导资源的价值定位。课程资源的选择应符合政治性要求，在资源的选择与组织之初就以"爱党、爱国、爱社会主义、爱人民、爱集体"为主线，体现党和国家的领导方针，体现政治性质。教学资源的开发应接受政策的方向性指导，构成资源设计组织的思路，使得政治性价值成为课程资源开发的根本价值追求。

3. 体验式教学策略

体验式教学是以促进学生的发现学习为主的一种教学方式，体验的本质是实践，是引导学生在经历中体验生活、感悟人生，通过爱憎苦乐、成败得失、是非善恶、各种人和事的经历和体验，实现知、情、意、行的和谐发展。这是对"灌输型""管教型"德育的变革，是学生主体地位的回归。体验式教学就是在教学过程中，教师在一定理论的指导下创造情境，学生在原有知识储备和个人经验的基础上体验情境，通过个人深层感受、理解和感悟获得知识的过程。在这个过程中我们应该注意：其一，教师创设情境不应该是随意的，应当符合新课标和教材要求，尤其要符合学生的身心发展规律，应该考虑学生的现有水平是否可以接受。其二，在整个过程中应该坚持尊重学生的主体地位，正如马克思认为的"人始终是主体"，我们应该强调学生的主体性，引导学生发挥主观能动性。

由于课程思政注重学生的品格与价值观的养成，因此在课程思政的教学过程中，教师应注重采用合适的方式，注重师生间的互动与沟通。教学过程应以学生为主，服务于学生，强调学生的体验。

第一，提高教师的课程思政教学能力。教师应充分发挥自身的主观能动性，厘清对课程思政本质特点的认知，批判性地思考并参与到课程思政的实践过程中，改变传统的灌输式教学方式，切实落实育人效用。教师要深化对各学科的内在育人价值的认识。

因此，教师要深入理解学科知识与价值的构成逻辑，明确学科育人的方向与原则，在学科建设中"丰富知识性和提升科学性"。同时，教师要认真学习国家领导人的重要讲话，贯彻重要精神，涵养自身的精神与德行，以其为自身的精神追求。通过内化对育人价值的认识，提升教学的思想性与政治伦理性，更好地认识学科的内在政治性育人价值。思想政治教育必须依托学科建设，以政治性价值为学科教育教学的价值统领与导向。教师在学科教学过程中必须坚定阶级立场、坚持政治原则。

教师要立足于课程思政实践，分析并积极总结经验；要提高自身对课程思政价值与实施规范的认识能力。教师应提高自身的理性分析能力，把握课程思政的本质，分析思想政治落实状况，深究问题、探究原因；应该立足于课程思政实际，充分发挥自身的主观能动性，深刻把握课程思政的内涵，提炼自身的经验与思考。教师应在充分理解与深入实践的基础上，不断进行调整，总结新的经验，发挥思想政治的育人作用。

教师要习得思想政治知识，了解国家的教育政策与方针，提高自身的课程思政理论涵养。教师应提高自身的思政知识储备，使教学过程有据可循；要注重对课程思政教学的方法习得、技术运用，使教学过程有"法"可依。教师要深入钻研思想政治理论，培育理性的课程思政主体意识。了解思想政治培育的特点，就是要形成对思想政治的全面、细致的认识，提高自身对课程思政文本的解释能力，包括政策文本、教育教材文本，了解其表达的意志与要求，为实施过程提供文本参考。教师应充分借鉴与学习各优秀任课教师的示范课程，汲取教学经验，在学习过程中提高自身的课程思政教学能力。

第二，提高教师对意识形态的意会理解。课程思政教学不应是应付国家政策方针的任务，而应成为教师教书育人过程中自发进行的、融合自身个人主体意志的教学活动。基于教师的意会过程，教师将课程思政中的意识形态属性转化为自身理想信念进行教学，课程知识的意识形态属性成为教师个人意会理解的政治信仰与个人理想，成为依托教师情感、心理生成并持续的观念与状态，具有个体参与形成的整合性，意识形态属性转化为教师付诸践行的理想与信仰。

（四）创新专业课课堂的教学形式

1. 拓展网络平台发展，实现"课程思政"现代化

首先，搭建课程思政资源共享平台。高校要统筹所有教师、教务处、学工部等相关职能部门，整合优质资源，集中打造课程思政示范课，选出优秀典型教师，充实课程思政案例库；鼓励不同职能部门组织专业课教师及相关教职人员共同开展学科竞赛、专业实习、创新创业实践活动，依托类型丰富的课程思政案例，打造精彩课堂，发挥专业课教师的主导作用和学生的主体作用，推行"基于问题"的互动式教学，推进第一课堂和第二课堂的紧密衔接和深层融合，实现教学过程的真实性、生动性和有效性。

其次，搭建课程思政教师辅导平台。聘请知名专家学者、权威名师对专业课教师进行课堂教学的指导和督导，促进专业课教师对课程思政实施意义的深度理解；进一步加大对思政课教师和专业课教师在教育方式与方法方面的交流沟通，并提高运用新媒体的能力，丰富课堂上和课堂外的教育手段和形式，根据不同专业学生的思维方式和学科特点设计教育教学环节，清晰地把握学生的思想动向和价值倾向，提升课程思政的针对性和实效性。网络平台的发展对课程思政的实施应该形成"四个转化"：一是教学形式由固定课时型课堂教学向全天候自由型网络课堂转化；二是学生学习由单向被动型向双向互动型转化；三是教师由单一教学型向育人育德兼备型转化；四是思想政治教育工作由单一部门专管型向多个部门多个学科专业合作协同共管型转化。拓展网络平台从专业课教师角度来看，能够有效改善教学手段长期落后的状况，培养紧跟信息化时代进行课程思政教学的能力。对学生成长来说，网络平台能够拉近教师与学生的距离，没有时间和空间的限制，以学生喜欢的方式进行网络教学，实现课程思政现代化。对于教学形式

来说，改变了单调的课堂教学，探索出了更多的授课途径与方式，以更为吸引人的方式推进课程思政的实施。对于课堂教学来说，是对课堂教学的完美补充，将在课堂上实现不了的教学形式转化到网络平台，利用腾讯会议、网络视频平台开展直播教学，成立多个讨论组进行线上听课讨论，必要时专业课教师也可以进行一对一在线方案指导，通过课内外直播教学的时效性、互动性调动学生的学习积极性。远程教学讨论与自主学习相结合，根据学习进度与目标规划进行分阶段汇报与自我评价，可以实现随时与教师和同学沟通并获得点评与指导，同时可以推荐网络平台上的优秀资源与本专业知识相结合，获取知识的途径更为广阔。

要依托部分学院建设的一批理论和实践研究中心，推动开展课程思政工作理论创新和实践探索。建立课程思政专题网站，开发设计课程思政微信小程序，丰富课程思政教师教学随记和学生课堂学习随感案例库。推动社会主义核心价值观进教室、进课堂、进屏幕，进一步引入社会力量参与思想政治理论课改革，完善"时政进校园""时政大课堂"延伸，发挥育人效应，提高育人成效，为世界提供借鉴与分享。深化高校课程教学改革的关键是改革以知识传授为主的传统教学模式，有效支持并引导学生进行自主性、能动性、发展性学习。

2. 开展社会实践活动，实现"课程思政"多样化

除了课程建设，课外实践活动可以让学生深刻感受携手并肩、团结互助的精神，使学生增强责任感与使命感。非教学型实践活动是当前课程思政教育实践活动的重要组成部分，包括读书会、讲座、校园活动、主题团日等活动，其实践主体为广大学生，在研学过程中学生通过各类实践平台的相关配套活动亲身体验、主动对标、反思总结自身存在的问题。激发学生的教育主体意识，培养学生自我教育思维，也是实践活动教育目标的关键组成部分。

"第二课堂"的开展形式多种多样，跨越了广阔的时空范围，其内涵和外延是课堂教学所达不到的。要推进实现课程思政教育成果的达成，必须合理利用"第二课堂"开展社会实践活动，依照人才培养目标进行规划，在讲授理论知识的基础上，有目的、有计划地带领学生利用课余时间参与到社会政治、经济、文化、生活的教育实践活动中去。社会实践对思想政治教育能够起到明显的促进作用，早在我国教育体系初建时期，党和国家就明确强调实践活动关乎人才培养，是教育的有效途径，具有重大意义。"第二课堂"的成绩单显示出教育改革发展的进步，有利于推进国家经济发展大局的全面规划。近年来，实践类课程在课程设置中所占比重逐步增加，除了社会实践课程外，还包括专业实验实践课程以及创新

创业实践课程。专业实验实践课程旨在将所学专业理论知识应用于具体对应的实践活动中,在实践中加深对知识的理解,提升发现问题、解决问题的能力,用专业知识做专业的事;创新创业实践课程重在培养学生的创新意识、创新精神、创业能力,在实践课程中激发学生的思维与想象,引导学生从问题导向出发,敢于发言、善于思考,培养他们独特的创造意识,进而强化创新精神,提升创业能力;社会实践课程包含范围广,相关实践项目较多,学生在实践中不仅能够了解世情、国情、民情,还能够增长才干、锻炼思想意识。

高校"第二课堂"有意识地突出价值引领作用,对第一课堂起到补充和强化的作用,能够使课程思政实现系统化、立体化。多样化的课程思政社会实践活动将思想政治理论课从以往长期孤立育人的现实困境中剥离出来,使思政课与其他各类专业课相互不囿于原有的简单的知识传授。

(五)搭建教育者之间合作交流的平台

课程思政作为一种新的育人理念和实践,需要广大教师的积极合作与沟通交流,才能取得更好的育人效果。育人效果的好坏不是某一个教师作用的结果,而是所有教师合力作用的结果。加强教育者之间的沟通交流,搭建合作交流平台有利于激励教师参与课程思政改革,有利于教师育人能力的提升,有利于完善教学体系建设。为了更好地推进课程思政建设,我们应从以下两个方面做出努力:

第一,加强专业群教师沟通,搭建专业群课程思政交流平台,积极开展课程思政专题报告、教学工作坊、教学沙龙等。由于专业群具有与专业学科基础相近、对象相同、技术领域相近等特点,在融入相关领域思政内容方面必然有很大的相似性,教师之间的深入合作交流能够挖掘到适合本专业群的思政内容,然后,将思政内容与专业课知识点建立有机联系,不断打磨,不断优化,从而打造本专业示范课程。所有的课程思政示范课程都是一次次不断完善、不断打磨、不断优化取得的结果。

第二,加强思政课教师与专业课教师的沟通,搭建交流平台。术业有专攻,专业课教师精通于自身专业知识,而对于本专业以外的思想政治教育理论方面的知识有所欠缺,这就需要专业课教师与思政课教师合作,尤其是在专业课教师实施课程思政教学的初期,需要思政课教师提供相应的指导。这种指导既包括如何挖掘思政素材,也包括如何运用思政课方法。值得注意的是,思政课教师与专业课教师的专业侧重点各有不同,这就要充分发挥专业课教师和思政课教师的专长。专业课教师可以向思政课教师介绍自己本门课程的性质、课程相关内容等,可以使思政课教师在大致了解本门课程后决定融入哪部分思政元素。之后，专业课和思政课教师针对具体知识点彼此交流看法，通过进一步交流使得专业课教师领会课程中蕴含的思政点并迁移至课堂教学，确保融入的知识点准确无误且顺其自然，达到潜移默化、润物细无声的育人效果。

总之，加强专业群教师之间的沟通、专业课教师与思政课教师之间的合作，可以为教师搭建合作交流平台，更好地激发教师的参与热情，推动课程思政实施取得新进展。

（六）丰富课程思政新教材建设形式

教材的编写和使用，是课程思政实施的重要依托和载体。虽然高校教师对课程思政理念的认同感不断提升，但仍然存在部分年长教师难以转变教育理念，难以提升育人能力的情况。实现课程思政教材建设，能为教师的课堂教学，以及实现所有课程承担育人责任提供重要参照。目前，课程思政教材出版极少，而且所出版的教材专业性不足，形式较为单一，难以促进课程思政实践教学，因此，推进课程思政教材建设迫在眉睫。

首先，在增量上，实现课程思政专门指导教材的落实。国家和学校要成立课程思政教材建设小组，在国家层面上，教育部、中宣部等联合开展课程思政教材编写工作，坚持育人导向，统一意志。发挥课程思政教指委专家的作用，开展教学研究指导。各省高校党委负责顶层设计，统筹教材编写指导教师、思政教师、专业课教师，全面掌握上海课程思政建设发展历程及国家关于课程思政出台的文件，分析总结课程思政的成功经验，根据学科不同专业特点，从社会现实出发，自主设计符合教育教学规律、学生发展规律和发展需求的专业课课程思政教材，为专业任课教师提供挖掘思政教育资源的思路，实现课堂教学的价值引领；或是编写某一专业方面的课程思政案例教材，鼓励教师总结和归纳课程教学所涉及的案例，统一编写，为学科课程思政教学提供辅助材料，实现教学成果的凝结，转变传统教材的固有形式，提升教学效果。

其次，在存量上，加强对专业教材课程思政的"二次开发"。以2019年教育部印发的《普通高等学校教材管理办法》为依据，高校教材必须坚持政治方向，不能违背国家理念，形成各学科背景相互交叉、良性互动的教学团队，学校要充分发挥思政课教师与专业课教师在专业学科教材"二次开发"中的作用。思政课教师可以帮助专业课教师梳理教材专业知识中的思想政治教育元素，根据课程特点与教学目标，合理安排思政元素与专业知识融合。

四、妥善处理课程思政与思政课程之间的关系

在推进课程思政的实施时，一定要明确课程思政与思政课程的真正内涵。课程思政并不是要把专业课上成思想政治教育课，对课程思政与思政课程同向育人要精准定位，把握协调好课程思政与思政课程之间的关系。

（一）明确课程思政的内涵

课程思政和思政课程各有自身的特点，也各有优势。协调好课程思政与思政课程之间关系，首先就要明确课程思政的内涵。现实中，部分教师对课程思政的内涵理解不对。课程思政和思政课程并不一样，它们各有侧重。

课程思政偏重引领学生的价值观，思政课程偏重理论灌输，系统地对学生进行思想政治教育理论讲授。因为没有理解课程思政的内涵，有些教师把专业课上成了思政课，忽视了专业课程的性质和专业知识的讲授。

课程思政是一种教育理念，在所有课程中融入思想政治教育元素，增强对学生的意识引领和价值观引导。"一般而言，可以理解为'思政课程'的外围课程，或'思政课程'的拓展课，或综合素养课，抑或与'思政课程'遥相呼应的课程。"这是对校内课程思政的课程定位，而且要注意课程思政并不局限于学校，课程思政也是沟通校内与校外思想政治教育的桥梁。校内外形成育人合力，有利于促进"三全育人"。

（二）坚持思政课程的引领作用

思政课程是开展思想政治教育的主要途径，在推进课程思政实施的过程中，应该始终坚持思政课程的引领作用。思想政治教育是传播马克思主义理论的主要方式，具有明显的意识形态属性，在推进实施工作时，必须占据主导性位置。思政课程旗帜鲜明，是高校立德树人的关键课程，是培养社会主义建设者和接班人的灵魂课程，应在教学体系中居于核心地位。思政课程要发挥领航作用。思政课教师要及时学习中央的大政方针、文件政策，与时俱进，及时更新思想政治教育内容。思政课程必须始终坚持社会主义办学方向，巩固马克思主义在意识形态领域的指导地位，坚持正确的政治导向。

1. 思政课程要引领课程思政的政治方向

虽然学术自由，但是政治红线一定不能踩。学术研究无禁区，课堂讲授有纪律，要警惕西方的意识形态演化。作为思想政治教育的主渠道，思政课程要引领课程思政坚持正确的政治方向，坚持社会主义办学性质。课程思政的政治方向不

正确，就会造成教书不育人的后果，违背了课程思政的初衷。同向是同行的前提，思政课程要发挥自身的优势和功能，引领课程思政的政治方向。

2. 思政课程要引领课程思政的育人理念

思政课程和课程思政的根本目的还是育人。绝大部分学生都认为要多多关注国家发展现实生活。我国高校是社会主义性质的学校，理所当然培养的是社会主义建设者。课程思政要培育学生的社会主义核心价值观，引导学生增强道路自信、理论自信、制度自信、文化自信；增强学生对中国特色社会主义制度的认同感，增强他们对建设社会主义强国的使命感和责任感。

（三）发挥课程思政的协同作用

思政课程正面阐述国家认同、理论认同、制度认同、发挥思政课的核心引领作用。课程思政从侧面遥相呼应，注重对学生的价值引导，发挥课程思政的协同作用。

1. 加强党的全面领导

以高校课程思政实施工作为重点，切实加强工作指导。高校党委要统筹多方资源和力量，加强高校课程思政的实施，使课程思政与思政课程相互配合、相互支持，分析课程思政实施中遇到的问题，对症下药。党委书记是思想政治工作第一责任人，校长和其他成员则要履行"党政同责、一岗双责"。

2. 发挥教师的主导作用

教师要强化育人意识，提升育人能力，增进对课程思政的认识和了解，学习建设课程思政的成功经验，与思政课教师加强交流。应根据本学科性质，挖掘思想政治教育元素，打造课程思政，实现知识讲授与价值引领的统一。

五、统筹高校课程思政的部署设计

（一）科学把握课程思政教学建设的规划方向

1. 抓好顶层设计

构建课程思政体系的终极目标是帮助学生形塑文化自觉和文化自信，将社会主义核心价值观内化于心、外化于行。高校党政部门和相关职能部门需要统筹整体布局，把握办学方向，掌握教育教学工作的主导权，对课程思政进行顶层设计和总体部署。马克思主义学院则需要加强直接领导、指导和管理，坚持立德树人，明确教学目标，在打通思政课程与专业课程的过程中将社会主义核心价值观和中华优秀传统文化等教育内容融入教学全过程；通过加强马克思主义理论学科建设，夯实课程思政的学术支撑；通过建立教学质量保障机制、跟进全员育人机制建设、完善教学质量考核等多项措施来保障全体系支持教师参与全员育人工作。

2. 抓住政策方向

"方向比努力更重要"，对于课程思政实施来说，这是至关重要的法则。在课程思政探索之初，尚无成熟可用经验之时，深刻解读相关教育政策，探索分析相关政策指引，拟定设计相关工作规划则显得尤为重要。素质与能力并进的课程体系是课程思政教育教学改革的主要指向，为保证课程思政工作的有效开展，需要带领专业课教师优先学习与课程思政工作有关的方针与政策，以此为指导，保证课程思政工作的正确方向。

2016年12月9日，习近平总书记立足于全局高度，详细深刻地回答了关于高等教育发展和高校思想政治工作的相关重大问题，具有很强的政治性、思想性和针对性，明确了高校思想政治工作实施的重大意义、目标指向和基本要求。

2017年2月27日，中共中央、国务院颁布的《关于加强和改进新形势下高校思想政治工作的意见》主要强调开展思想政治工作的重要意义和总体要求；高校教育要强化思想政治理论和价值引领功能；全面发挥哲学社会科学育人功能；主抓课堂教学管理，关注其他各类思想文化阵地建设实施；整合教师队伍以及其他教育力量的建设；改革创新思想政治工作；进一步加强党对高校的领导工作。

2018年1月20日，中共中央、国务院颁布《关于全面深化新时代教师队伍建设改革的意见》。作为首次专门针对教师队伍建设管理的里程碑式政策文件，该文件首先强调兴国必先强师，把握教师队伍建设的基本原则，树立短期目标；进一步提升教师思想政治素质，对师德师风建设加以关注；着力加强教师教育，保证教师专业素质能力水平；整合教师管理改革系统，整体梳理体制机制；提高薪酬待遇，突出教师的主体地位，维护教师的职业尊严和合法权益；切实加强党的领导，全力确保政策举措落地见效。

2019年8月14日，中共中央办公厅、国务院办公厅印发《关于深化新时代学校思想政治理论课改革创新的若干意见》的文件。内容包括对思政课课程教材体系做出全面调整规划；强调要建设一支政治思想强、思维思路新、格局视野广、自律标准严、人格品德正的思政课教师队伍；对课程的思想性、理论性进行严格把控并兼顾亲和力、针对性；坚守党对思政课建设的全面领导。

2020年5月28日，教育部颁布《高等学校课程思政建设指导纲要》，这是针对课程思政教育教学理念提出的第一部正式的指导纲要，对课程思政实施具有重要的指导意义。

在高校价值塑造、知识传授、能力培养"三位一体"的人才培养目标中，价值塑造是教育工作的第一要务。学生被塑造怎样的价值观念会直接关系党的事业是否后继有人，关系国家的前途和命运。首先，抓好课堂主渠道最直接的是管理好课堂教学，修订高校关于管理课堂教学的规定，将现行课程思政实施要求进行全面融入。其次，将第一、第二课堂进行综合应用，坚持守好主渠道、强化教学第一课堂，唱好主旋律、激活实践第二课堂，建好主阵地、占领网络新课堂，着力带动广大师生真学、真信、真用。特别对于第二课堂的内涵思政元素要深入挖掘，开启形式多样的实践活动、实训任务，真正做到"读万卷书"结合着"行万里路"，拓宽课程思政实施的思路和方法。最后，要在教育教学方法上不断改革创新，以学生学习成效为目标，改革以学生为中心的教学方式和评价方式，激发学习兴趣，引发深入思考，引导思想启迪。

在互联网全覆盖的环境下，课程思政需要把握形势，顺势而变，适应新时代青年学生的思想方式，创新课堂教学模式。课程思政教学最终成效如何，专业课教师起着举足轻重的作用。广共享、强培训、重合作、树表率、深研究是对专业课教师建设的五方面要求。"广共享"就是要建立健全优质资源共享机制，分区域、分学科开展典型经验交流、现场教学观摩、教师教学培训等活动。"强培训"就是要将课程思政实施要求和内容纳入教师岗前培训、在岗培训和师德师风、教学能力专题培训中。"重合作"就是要充分发挥教研室、课题组、教学团队等基层教学组织的作用，建立课程思政集体教研制度。"树表率"就是要鼓励和支持院士、"长江学者""杰出青年"、国家级教学名师等带头开展课程思政建设，充分发挥示范带头作用。"深研究"就是要加强课程思政实施重点、难点、前瞻性问题的研究，在教育部哲学社会科学研究项目中积极支持课程思政类研究选题。

（二）推动开展课程思政教学实践的基地建设

课程思政强调"知行合一""实践出真知"，真理往往从实践当中得来，实践与认识密不可分，理论知识不能用于实践则失去了其价值与意义，而如何将实践做得更好则依赖于对认识的提升。

基地建设是课程思政教学长期稳定开展的基础保证。各个高校要根据不同课程的开展进行有关政治、思想、道德、法制、心理健康以及综合教育基地的建设规划，并在科学规范、资源共享、经济合理、功能实用等原则的指导下进行建设。对实践基地的选址、建设上要科学规划、管理规范、合理布局，充分利用校史、校园环境等校内资源，利用所处区域的地理优势和人文特色开放办学，沟通当地历史纪念馆、博物馆、党政机关等具有教育意义的活动场所与之对接，挂牌建立课程思政实践教学基地，对基地建设内容进行丰富和拓展。同时，要积极搭建资源共享平台，与同城同省高校、企业等相互合作，弥补课程思政建设在实践方面的不足与缺陷。建立固定稳妥的实践育人基地，可以促使实践教学发展常态化。高校等教育相关部门要给予课程思政专项经费保障，要严格按照学校要求规划教学专项经费的使用，将其列入专项预算，并随学校经费的增长而逐年增加，且不得挪作他用。同时也要积极争取社会力量的支持，拓宽渠道，增加课程思政实践教学经费的投入。

六、优化高校课程思政多方联动育人环境

高校课程思政实施工作的推动既有内部动力的驱动，也有外部驱动力的作用，充分整合各方面力量才能够有效确保课程思政实施工作的有序推进，这也是互联网时代之下，全面促进课程思政工作转型升级的必然选择。打造覆盖多学科于一体的学科育人的良好氛围，才能更好地推动高校课程思政工作的开展。

（一）形成多学科育人的良好氛围

高校是优化课程思政育人教学环境的主力军，但是各学科有其各自的特点，应该从不同的角度展开。

1. 各学科要充分利用中国文化精神

不同学科的专业教师，无论是日常教学还是开展科研活动，都不可能离开中西方思想的汇聚，甚至很多课程理论就诞生于西方国家，对于这种现状，我们必须审慎对待。因此，在课堂教学实践活动中，就必须保持理性而客观的头脑，在求同存异的基础上，充分利用课本中所隐藏的各种资源开展课程思政育人，以不同国家、不同地区之间所客观存在的文化差异为基础，积极主动地向学生宣扬我国社会主义制度的优越性和社会主义发展的宏伟蓝图。例如，在新闻学中传播人文精神，使学生学会以人为本，贴近群众民生；在经济学中融入中华传统文化的"义利观"，使学生正确认识"义"与"利"，对"义"与"利"赋予符合时代要求的新的内涵，让学生在五千年灿烂文化长河中，不断感受儒家思想，明白什

么是精华、什么是糟粕，从而自觉主动地树立起正确的文化观念，形成道路自信、理论自信、制度自信、文化自信。

2. 各学科要充分培养科学精神

各科教师必须首先形成正确的思政意识，并且将其体现在课程思政的实施过程中来。在传授专业知识、技能的同时，渗透科学精神、社会贡献方面的知识，将本专业的知识和工匠精神、现代精神、生态文明建设、职业荣誉感等结合起来。例如，在化学、生物、物理等课程中对学生进行职业道德教育，而职业道德是学生在未来的任何职业中都应遵守的行为准则，尤其是在这些课程的实验教学中，职业道德教育主要通过树立规则意识和法治意识来渗透，要求学生严格遵守实验室规则，维护好实验环境和秩序，为学生在接受专业知识的同时，潜移默化地接受思政教育做出更为积极的努力。

（二）营造课堂育人的氛围

课堂教学是课程思政育人的主渠道，课程思政要在课堂教学中真正地落地落实，就要把课程思政融入课堂教学建设的全过程。高校学生最为重要的学习场地是课堂，所以高校课程思政育人工作必须坚持以课堂渠道为主，而为了提高课堂育人效果，就需要营造良好的课堂环境，并且激发课堂活力。

1. 打造良好的课堂环境

作为当代大学生获取知识、提高自我的主要阵地，课堂环境直接影响着他们的最终学习效果。高校可以结合自身的专业特色搞一些特色化的思政课堂。如外语专业的语音室、美术学院的画室、体育学院的运动馆等，都可以成为思政教育的重要场所。教学楼中也可以适当悬挂一些名人名言等，从而在无形中对大学生完成思政育人工作。

2. 激发课堂活力

具体来说，就是要将课程学分制度真正意义上落实下来。在课堂教学中，在创新的基础上鼓励学生们积极发挥自己的主观能动性，不断激发课堂活力。尤其是在实践教学环节，必须强调理论知识和实践能力的同步提升，形成规范化的课程设计，用良好的课程设计提高学生学习的积极性和主动性，使课堂充分发挥活力，让思政元素自然而然地渗透其中。

（三）拓展课程思政网络育人空间

在新媒体时代，高端科学技术的广泛采用能有效改变课程思政的育人方式，能够极大地提升课程思政的育人效果。可见，高校课程思政育人的平台不再局限于课堂，要积极主动地使用信息时代下的种种新技术、新工具，将线上和线下整合起来，创新教学方法，拓展高校课程思政网络育人空间。

第一，有效地利用和开发互联网中丰富的思政教育资源。课程的建设需要海量的教学资源为依托，而课程思政育人过程中也同样如此，必须构建更为高效的教学资源数据库，通过课堂植入等多种方式，强化学生对资源的利用能力，真正意义上在课程思政中实现教学相长、资源互享、共同成长。只有这样才能在当今这个信息时代更好地提升大学生能力，更加全方位地进行课程思政育人。

第二，打造面向师生的综合信息数据平台。在开发系统的过程中，必须在教学服务中积极渗透思政资源，借助网络文化的强大覆盖面，提升思政资源的渗透效率。通过展示教学案例等新媒体技术，加强不同学科教师之间的沟通和交流，全面加强课堂教学的亲和性，使教师更好地掌握教学节奏。同时，还可以通过这些数据平台，让学生进行自主学习，对自身所欠缺的知识和能力进行弥补。

七、构建高校协同育人大思政格局

切实推进课程思政与思政课程同向协作育人，不仅仅是高校的责任和义务，社会和家庭也应该与高校一道协同推进课程思政建设，构建大思政格局。

（一）学校发挥协同育人作用

推进课程思政的实施需要每个人贡献自己的力量，高校要发挥协同育人功能，上下联动推动课程思政与思政课程协同育人。

高校要重视课程思政的设施，推进协同育人工作，加大对课程思政的资金投入，成立课程思政教研室，设立课程思政科研项目，鼓励教师建设课程思政。改善校园环境，融入思想政治教育元素，发挥隐性教育作用。促进课程协同，实现各学科间的协同，实现知识、能力、价值观三方面协同。促进人员协同，如后勤人员、管理人员、教师队伍间的协同。

高校是进行思想政治教育的主阵地，需要发挥立德树人作用。高校应具有使命感和责任感，协调所有力量促进课程思政与思政课程协同育人。

（二）家庭承担思想政治教育责任

思想政治教育不单单是学校的责任，家庭也应该承担思想政治教育责任。家庭思想政治教育是指在家庭环境中进行的思想政治教育，即在家庭环境中年长者（主要指父母）对下一代的思想政治信仰、道德修养、法律素养、心理素质等方面所进行的有意识或无意识的一系列教育活动的总和。每个人从出生开始就受到家庭教育的影响，家庭教育对人的影响是潜移默化和深远持久的。

良好的家庭教育能够和学校教育相互配合，使人受益一生。父母是孩子的首位老师，父母要严格要求自己，修身养性，为孩子做好榜样示范。父母的一言一行、道德素质、价值观念都会影响到孩子，因此父母要严格要求自己，对孩子起到正面引导的作用。现代的家庭教育大多注重道德教育，却忽视了对公民责任感的培育。个人与社会、国家密不可分，父母要教育引导孩子具有家国情怀，热爱自己的国家和民族，对自己的国家和民族充满自信心和自豪感。家庭教育也是一种隐性思想政治教育，具有独特的思想政治教育优势。家庭思想政治教育具有特殊性、针对性、广泛性以及基于血缘纽带下的亲和性和权威性。家庭教育应承担思想政治教育责任，发挥自身独特优势，推动思想政治教育发展。

（三）社会发挥思政大课堂作用

我们要积极构建"思政小课堂"和"社会思政大课堂"，实现理论性和实践性的统一；推动第一课堂和第二课堂联合，鼓励支持学生参与社会实践活动。社会也要发挥思政大课堂作用，修建具有文化气息的基础设施，保护好传统文化和传统建筑。实践出真知，社会要提供给学生参与实践的机会，使学生在实践中体会到马克思主义的优势、社会主义的伟大和繁荣，承担起建设社会主义的使命担当，在社会实践中增长知识和技能，成长为全面发展的人。家庭、学校、社会要形成育人合力，共同推动课程思政与思政课程建设。

八、构建全方位协同育人体系

（一）加强学科育人的协同性

学科育人不仅是学科教学的应有之义、核心任务，而且也是党和国家的政策要求。高校学科专业的划分具有复杂性和多样性，且有自身的学科属性与特点，为使学科之间在落实立德树人根本任务上协同一致，消除高校思想政治教育的孤岛效应，应促进学科之间在育人上同频共振。

课程思政实践进一步深化，需要加强学科在育人方面的协同性，使专业课与思想政治理论课形成协同效应。

第一，从教师方面看，专业课教师和思政教师应加强交流沟通与合作，共同确定育人目标，消除"学科保护""学科优势"这种错误观念。学校应组织课程思政交流研讨会、集体备课等促进专业课教师和思政课教师合作探讨常态化，加强二者之间的交流合作，实现协同教育。

第二，从教学方式来看，应提高专业课教师的思想政治教育方式和能力，促使思想政治理论课的教育教学资源应用到专业课的课堂教学之中，激发学生参与课程思政实践的积极性。

第三，从协同育人角度看，课程思政是基于专业课知识体系，从原理、要求等层面对思想政治理论课的深化和拓展，是思想政治理论课在专业领域的延展。课程思政实现最大化的育人实效，离不开思想政治理论课的指导与引领。在整个思想政治教育体系之中，思政教师应参与到课程思政的整体规划设计中，关注课程思政实践现状，为专业课教师提供理论和实践层面的指导。专业课教师对学生进行价值引领具有思政教师不具备的优势，这种优势是思想政治理论课跳出说教困境走向生动性所必要的。

因此，要加强思政课与专业课教师的交流探讨，主要表现为思政教师为专业课教师提供思想政治教育方法、理论等层面的指导，专业课教师的教学经验、实践智慧为思政课教师提供素材和智慧支持，实现互补互通、高度协作。

（二）搭建课程思政网络平台

构建"互联网+课程思政"教学体系，是提升高校思想政治教育实效性的必然选择，建立健全课程思政网络平台，需要学校及教师更新理念，创新网络运用，实现互联网与课程教学的高度结合，提升课程思政教育的亲和力和针对性，解决高校思想政治教育的"最后一公里"难题。

一是高校要建立"两微一端"课程思政平台。教师要把思想政治教育资源融入微信、微博和新闻客户端，上传授课内容，分享思政元素，与学生实现"跨时空"沟通交流。教师通过开设微信公众号，构建微信公众号小平台，做好思政育人大文章，充分利用微信公众号的优势，着眼新媒体效应，积极创新微信推文形式与内容，构建一个思政教育新框架，探索出思政育人创新路径，真正实现课程思政育人的精准化、个性化。

二是充分利用易班、雨课堂等综合性平台。易班具有教学、考勤、报名、投票和问卷调查等多项功能，实现课程资源、教学工具、服务管理的多元化与个性化，让教师的"教"与学生的"学"更明了。雨课堂也是教师提高课程育人实效的有效手段，其将信息技术与 PowerPoint、微信等有机结合。在课前，教师可将 MOOC 视频、预习课件推送给学生，实现教学资源的便利共享；课堂教学中可实时提问，学生可通过发送弹幕等方式回答，打破了传统课堂教学师生互动的时空界限，是第一课堂不可分割的一部分。

三是建立课程思政专题网站。目前，各大高校相继建立的课程思政专题网站，以网站为依托，推送课程思政文件，为全校教师提供了交流学习的平台。如北京联合大学根据自身建设计划，整合各类资源，建立了集媒体报道、理论武装、制度文件、学习思考、视频影像和成果展示等内容的全方位的课程思政专题网站。

综上所述，"互联网+课程思政"网络教育平台的搭建，弥补了传统课堂的时空局限，通过跟踪学生的兴趣点和需求点，分析学生的成长需求，利用新媒体技术，向学生传送类型多样并且有利于理解专业知识的视频、图片，提高了课程育人的实效性，增强了高校思想政治教育的亲和力与针对性。

（三）强化第二课堂育人体系

高校思想政治工作肩负着培养中国特色社会主义合格建设者和可靠接班人的重任。伴随着中国特色社会主义进入新时代，高等院校应因事而化、因时而进、因势而新，切实肩负起新时代赋予的新使命，推动新时代高校思想政治工作守正创新。习近平总书记指出："社会实践、社会活动以及校内各类学生社团活动是学生的第二课堂，对拓展学生眼界和能力、充实学生社会体验和丰富学生生活十分有益。"与重视专业知识传授的第一课堂相比，第二课堂在提升学生综合能力的同时，更是思想政治工作的重要抓手。第二课堂是高校人才培养的重要载体，其广泛性和实践性的特点，决定了它是对第一课堂的补充与延伸，在高校开展思想政治教育、落实立德树人教育目标的过程中发挥着重要作用，对学生的个人成长和进步作用巨大。

创新高等教育第二课堂育人体系，实现专业教育与第二课堂相结合，对落实立德树人的根本任务具有促进作用。教师不仅承担着传授学生专业知识、培养学生技能的职责，而且也承担着塑造学生品德和品位的使命。近年来，各高校充分发挥第二课堂作用，将专业知识和人文素养培养有机融合，将思政德育融入其中，通过社会实践基地、校园文化建设、职业信仰教育、志愿服务公益教育等，实现知识传授和价值引领的有机统一，构建了第二课堂思政育人新体系。

参考文献

[1] 王长民.铸就信仰:高校思政课教学创新[M].南京:南京师范大学出版社,2017.

[2] 甘玲.践行渐悟:高校思政课实践教学的探索与实践[M].秦皇岛:燕山大学出版社,2022.

[3] 叶勇,康亮.新时代高职院校工科专业课程思政教育探索[M].成都:西南交通大学出版社,2019.

[4] 郑盼盼.高职思政云课堂理论与实践[M].杭州:浙江工商大学出版社,2019.

[5] 陈金平.多媒体时代高校的思政教育研究[M].北京:北京工业大学出版社,2020.

[6] 楚国清,孙善学.课程思政"三金"优秀教学设计案例[M].北京:首都经济贸易大学出版社,2020.

[7] 刘平国.产教融合视域下高职院校"课程思政"理论与实践研究[M].湘潭:湘潭大学出版社,2020.

[8] 崔岚.高校思政课程建设与大学生人文精神培养[M].北京:北京工业大学出版社,2020.

[9] 蒋中华.成人高校课程思政的实践研究[M].成都:西南交通大学出版社,2020.

[10] 文学禹,韩玉玲.新时代高校课程思政教学创新研究[M].长春:吉林大学出版社,2020.

[11] 戴孝悌.新时代高校经管类课程思政理论与实践研究[M].北京:经济科学出版社,2021.

[12] 王静.全球治理人才培养背景下的思政教育体系建设[M].北京:中国商务出版社,2021.

[13] 贾爱武.新时代高校外语专业建设与课程思政理论与实践［M］.杭州：浙江工商大学出版社，2021.

[14] 王敏，滕淑娜.红色文化融入高校"大思政"育人研究［M］.北京：九州出版社，2021.

[15] 宋红波，陈尧.高校外语课程思政理念与实践研究［M］.武汉：武汉大学出版社，2021.

[16] 洪早清，袁声莉.基于课程思政建设的高校课程改革取向与教学质量提升[J].高校教育管理，2022，16（1）：38-46.

[17] 尤怡丹，邓薇.新时代高校教师课程思政能力提升路径研究［J］.湖北开放职业学院学报，2021，34（24）：97-99.

[18] 孙健，杨玲.社会主义核心价值观融入高校课程思政：问题探源与路径选择［J］.当代中国价值观研究，2021，6（6）：38-46.

[19] 徐继红.社会主义核心价值观融入高校课程思政的关键点研究［J］.大学，2021（52）：124-127.

[20] 庞洋.高校思政课程与课程思政协同育人模式的建构路径研究［J］.大学，2021（52）：149-151.

[21] 张健丰，仲萝翔.高校课程思政协同育人构建路径探析［J］.大学，2021（51）：149-151.

[22] 杨旭娇，黄鼎，贾迅.高校课程思政建设的目标建构与实践路径探索［J］.大学，2021（48）：104-106.

[23] 王燕星.高校课程思政建设的问题呈现与实践路径探索［J］.大学，2021（48）：59-61.